Margery (Gred)

Eine Geschichte aus dem alten Nürnberg

(Band 6)

Georg Ebers

(Übersetzerin: Clara Bell)

Writat

Cette édition parue en 2024

ISBN : 9789359945415

Publié par
Writat
email : info@writat.com

Inhalt

KAPITEL VI. ....- 1 -
Kapitel VII. ....- 10 -
KAPITEL VIII. ....- 23 -
KAPITEL IX. ....- 31 -
LESEZEICHEN DES ETEXT-HERAUSGEBERS: ....- 43 -

KAPITEL VI.

Soll ich nun darlegen, wie Ann und ich Herdegen in seinem Versteck gefunden haben, einem einfachen kleinen Imker, aber im verborgensten Teil des Lorenzer Waldes, einem Ort, an dem kein Reiter vorbeikommen könnte? wie mein Bruder selbst in seinem armen Bauernkleid noch ein guter Mann war und seine Liebste so leidenschaftlich in den Armen hielt wie an jenem ersten Tag auf seiner Heimkehr aus Italien – und wie dieser liebe, gejagte Kerl mich in Trauerkleidung ansah , die seine Schwester ins Herz geschlossen hatte, sobald seine Geliebte den Ort verlassen hatte? Ja, denn auch die Toten waren ihm lieb gewesen, und seine Liebe zu mir hatte nie nachgelassen.

Als wir uns schließlich in Frieden der Freude hingaben, wieder alle zusammen zu sein, bemerkte ich, dass sein Blick fester und seine Stimme ernster und ruhiger war als früher; und wann immer er mit mir sprach, tat er es in einem sanften und herzlichen Ton, der mir die tröstende Gewissheit gab, dass er um meinen Kummer trauerte. Und wie liebevoll und ernsthaft überredete er Ann, das Beste aus dieser traurigen Begegnung zu machen, bei der Willkommen und Gottes Segen so nah beieinander lagen. Im Hause freute ich mich noch einmal über den erhabenen Flug, der den ganzen Geist dieses Jünglings über alles Gewöhnliche und Niedrige erhob; und die Augen seiner Liebsten ruhten voller Freude auf ihm, während er mit meinem Onkel oder dem Magistrat sprach, der mit uns in den Wald gekommen war. Und obwohl es in Wahrheit seine Pflicht gegenüber dem Kaiser, seinem Herrn, war, seinen Auftrag zu erfüllen, gab er uns dennoch das Versprechen, dass er die Verkündung des Urteils aufschieben würde, bis wir am nächsten Tag in die Stadt zurückkehren und unsere gemeinsame Zeit verlängern würden und bei Cousin Maud lag so viel wie in ihm.

Die Augen meiner Tante leuchteten vor Freude, als sie mit Herdegen an ihrer Seite auf ihren Liebling fielen, und sie konnte sich ohne Zweifel sagen, dass diese beiden, die ihrer Meinung nach füreinander geschaffen waren, sonst kaum wieder zusammengekommen wären für ihre Hilfe. Oder wenn wir uns morgen auf den Weg machten, rief sie Herdegen noch einmal zu sich, um unter vier Augen mit ihm zu sprechen, und sagte ihm, er solle bedenken, dass er ihm das vielleicht mitteilen würde, wenn er auf seinen Wanderungen jemals einem anderen Jugendlichen begegnen sollte – und er wusste, wen zu Hause im Lorenzerwald schlug noch das Herz einer Mutter, das nie ruhen konnte, bis seine Anwesenheit es noch einmal erfreut hatte.

Mein Onkel ritt mit uns in die Stadt. Am Tor teilte der Magistrat Herdegen mit, was sein Schicksal sein sollte: dass er Nürnberg am nächsten Tag um dieselbe Stunde verlassen müsse; und bis zu meinem Tod werde ich mich immer mit Freude und Bedauern an die Mahlzeit erinnern, zu der wir dann mit unseren Nächsten und Liebsten zusammensaßen.

Cousine Maud nannte es das Verdammungsabendessen ihres Schatzes. Sie hatte die Zubereitung jedes einzelnen Gerichts in der Küche beobachtet und den besten Wein aus dem Keller ausgewählt. Doch das Essen hätte Haferbrei und der edle Schnaps das kleinste Bier sein können, und es wäre unserer großen, wenn auch melancholischen Freude egal gewesen. Und in der Tat, kein Mensch hätte das Paar betrachten können, das nach so vielen Gefahren wieder zusammenkam, ohne das Gefühl zu haben, dass sein Herz sich erhob. Ah! und wie lieb waren mir diese beiden! Sie hatten gelernt, dass das Leben für einen von ihnen ohne den anderen nichts bedeutete, und ihre Herzen schienen fortan so eng miteinander verbunden zu sein wie zwei Ströme, die zu einem Fluss zusammenfließen und deren Wasser keine Macht auf Erden jemals trennen kann. Sie saßen bei uns, aber hinter großen Blumensträußen, als wären sie auf einer Insel der Glückseligkeit; Dennoch waren sie in unserer Mitte und zeigten, wie froh es sie machte, so viele liebevolle Herzen um sich zu haben. Trotz ihrer Freude und Sorge vergaß Ann nicht ihre Pflicht als „Wächterin" und drohte Onkel Christian, wenn er mehr von dem guten Schnaps trinken würde, als er sollte. Er erklärte jedoch, dass dieser Tag unter der besonderen Gunst der Heiligen stehe und dass ihm in keiner Weise etwas Böses widerfahren könne. Man hatte meinen Waldonkel und Meister Pernhart bei einem gemeinsamen Gespräch gefunden, und die Sache, von der sie sprachen, war mein Vetter Götz. Und wie erfreute es den Vater, von seinem fernen Sohn zu sprechen! Vor allem, als Pernharts Lippen vor Lob für den Jugendlichen überströmten, dem sein einziges Kind seinen frühen Tod verdankte.

Am wunderbarsten von allen war der Magister. Herdegens Rückkehr zu seiner Geliebten beraubte Meister Peter seiner letzten Hoffnung; Dennoch hatten seine Augen nie mit größerer Verzückung auf ihr geruht. Wahrlich, sein treues Herz wurde gleichsam erwärmt von dem Glück, das sie wie mit Ruhm umgab, und tatsächlich war es nicht ohne Zweifel, dass ich den würdigen Mann, der so nüchtern zu sein pflegte, immer wieder sein Glas erheben sah Trinken Sie auf Ann, ob sie ihn markiert hat oder nicht, und leeren Sie jedes Mal sein Glas zu ihren Ehren. Mein Onkel Christian füllte ebenfalls fleißig seinen Becher, und als ich sah, wie er ihn mit so leidenschaftlichem, gutem Willen trank, fürchtete ich, er könnte uns die ganze Nacht bei Tisch halten, als Ann und mein Bruder kaum Zeit hatten, miteinander eine vertrauliche Rede zu halten. Aber dieser gute Mann vergaß nicht einmal beim Weinkrug, was andere Leute erfreuen könnten; und obwohl es ihm schwer fiel, mit dem fröhlichen Saufgelage aufzuhören, war er doch der Erste, der wegzog. Bei Sonnenuntergang waren wir allein. Der

Magister war zu Bett gebracht worden und wachte erst am nächsten Mittag auf.

Das unglückliche Paar saß noch einmal im Erker, wo es so oft in glücklicheren Tagen gesessen hatte, und als ich sie in der zunehmenden Dämmerung reden und streicheln sah, kam es mir eine Weile so vor, als sei die frohe Winterzeit wieder gekommen, in der sie sich über die Frühlingsflut gefreut hatten ihrer Liebe.

So vergingen die Stunden, und ich war gerade dabei zu überlegen, ob es nicht Zeit sei, die Lampen anzuzünden, als wir Stimmen auf der Treppe hörten und Cousin Maud hereinkam und sagte, dass Sir Franz ins Haus gegangen sei, und dass er erklärte, dass sein Wohl oder Wehe, ja und sein Leben in Herdegens Hand liege, so dass sie es nicht übers Herz brachte, ihm den Eintritt zu verweigern. Daraufhin sprang mein Bruder wütend auf, aber die Kammertür wurde geöffnet, und mit der Magd, die die Lampe hereinbrachte, trat der Böhme über die Schwelle. Wir Mägde hätten sie am liebsten verlassen; aber der Ritter bat uns zu bleiben und sagte, während seine Augen demütig zu meinen flehten, dass ich lieber warten und ein gutes Wort für ihn sprechen sollte. Als Herdegen ihn dann zum Reden aufrief, ihm aber nicht die Hand reichte, bat Sir Franz ihn, ihn als seinen Kameraden auf seiner Pilgerreise zu akzeptieren. Allerdings war ein so trauriger Kerl in den Augen meines Bruders keineswegs angenehm, und so gab er ihm mit Recht deutlich zu verstehen; Da erinnerte sich der Böhme an die frühere Freundschaft und bat ihn, sich in seine Lage zu versetzen und nicht zu vergessen, dass er als gesunder Mann die ihm von Rochow zugefügte Verachtung im fairen Kampf gerächt hätte, statt mit einem Dolchstoß. Sie wurden zu einer ähnlichen Strafe verurteilt, und wenn Herdegen ihn nicht duldete und ihm seine Gesellschaft gewährte, wäre dies der Todesstoß für seine verdorbene Ehre.

Daraufhin appellierte ich eindringlich an meinen Bruder und flehte ihn an, seinen früheren Freund nicht abzulehnen, und sei es nur aus Liebe zu mir. Und da an diesem Tag seine ganze Seele von Liebe erfüllt war, wurde seine Härte gemildert, und wie froh und dankbar schlug mein Herz, als ich sah, wie er seine Hand dem Mann reichte, der um meinetwillen so viel Leid erduldet hatte.

Plötzlich, während sie noch von ihrer Abreise sprachen, waren wieder Stimmen von draußen zu hören; und obwohl ich meinen Ohren kaum trauen konnte, verwechselte ich sie nicht und kannte die Töne mit denen von Ursula. Ann hörte und kannte sie ebenfalls, und sie verließ das Zimmer mit den Worten: „Niemand wird mich in dieser Stunde belästigen, am allerwenigsten Ursula!“ Der Angelus war schon vor langer Zeit geläutet worden, und irgendetwas von schwerwiegender Bedeutung muss uns zu so später Stunde einen so seltenen Gast beschert haben. Meine Cousine, die sie am liebsten am Eintreten gehindert hätte, hielt sie am Arm; und ihre Bemühungen, sich aus dem Griff der alten Dame zu befreien, waren alle vergeblich, bis sie Herdegen erblickte. Dann befreite sie sich endlich, und obwohl sie nach Luft schnappte, klang ihre Stimme voller Triumph, als sie schrie: „Ich musste kommen, und hier bin ich!"

„Ja, aber wenn du als Mar-Freude kommst, werde ich dir den Ausweg zeigen, mein Wort dafür!" mein Cousin keuchte; aber die Magd beachtete sie nicht, sondern ging direkt auf Herdegen zu und sagte: „Ich hatte das Gefühl, ich muss dich noch einmal sehen, bevor du gehst – ich muss! Der alte Jörg begleitete mich, und wenn ich wieder weg bin, wird Dame Maud meine Lobrede halten." '. Sieh sie nur an! Aber für mich ist das alles eins. Such mir einen Ort, Herdegen, wo ich mit dir und Ann Spiesz allein sprechen kann. Ich habe eine Nachricht für dich."

Daraufhin unterbrach mich meine Cousine mit einem verächtlichen Lachen, wie ich es bei ihrem gütigen und einmütigen Herzen niemals von ihr erwartet hätte; und mein Bruder sagte Ursula kurz und deutlich, dass er mit ihr nichts mehr zu tun habe. Darauf antwortete sie, dass es eine Sünde wäre, daran zu zweifeln, da er jetzt ein frommer Pilger und ehrenvoller Verlobter sei, sie sich dennoch danach sehnte, Ann zu sehen. Auch das wurde ihr verweigert, und sie zuckte nur mit den Schultern; dann wandte sie sich an den Böhmen, der ihr entgegengegangen war, und bat ihn mit eisiger Höflichkeit, sich aus ihrer Nähe zu entfernen, da er ihr eine Beleidigung darstelle. Daraufhin sah ich, wie der letzte Tropfen roten Blutes von der kränklichen Wange des jungen Ritters verschwand, und es ging mir zu Herzen, als ich sah, wie er seine Hände hob und sie demütig anflehte: „Du weißt, Ursula, was mir alles deinetwegen widerfahren ist." , und wie schwer erwartet mich. Dreimal wurde ich dir, meiner versprochenen Braut, gelobt und ebenso oft verstoßen..."

„Um Ihnen das gleiche Schicksal ein viertes Mal zu ersparen; aller guten Dinge sind drei!" warf sie ein und verspottete ihn. „Wahrlich, Sie haben mich von jedem Wunsch geheilt, jemals Ihre Dame zu sein, Sir Knight. Und da es mir an diesem Tag so vorkommt, als ob unsere Rede frei und wahrheitsgetreu sei, gebe ich gerne zu, dass ein solcher Wunsch jemals weit genug von mir entfernt war, und selbst als wir stand verlobt. Eine seltsame Sache ist Liebe! „Auf die schöne Margery!" eines Tages auf den Lippen jedes edlen Herrn; und am nächsten Tag: „Auf die süße Ursula!" Bei manchen Menschen wächst es innerlich, als wäre es ein Polypen, und wehe mir, meine Liebe, wenn Sie die Wahrheit wissen würden, mein Herr Baron von Welemisl, eine solche Liebe, von der ich wusste, dass ich sie ein für alle Mal gegeben habe an diesen Mann Herdegen Schopper; es gehörte ihm, seit ich in meinen kurzen Röckchen schreiben lernte; und so ist es immer gewesen, bis zu der Stunde, als die würdige Dame Henneleinlein, die neue Cousine des edlen Junkers –

es ist genug um einen zum Lachen zu bringen! – als diese berühmte Dame mir die Wahrheit ins Ohr flüsterte, dass ihr zukünftiger Verwandter mich und mit mir den Reichtum des alten Im Hoff um einer Schreiberin willen über Bord geworfen hatte. Und das so zu denken Als Junge pflegte er mir Sträuße zu bringen und meine Farben zu tragen! Nein, und seitdem hat er mir viele feurige Blicke zugeworfen. Erst kürzlich schrieb er seinem Onkel aus Paris, dass er daran interessiert sei, mich zu seiner Frau zu machen. Ach, du darfst deine Augen weit aufreißen, hochverehrte Cousine aller Zeiten, Maud, und du ebenfalls, prüde und makellose Herrin Margery! Bekreuzige dich im Namen aller Heiligen! Ein toter Wolf kann nicht beißen, und was meine Liebe zu diesem Mann betrifft, kann ich mutig erklären, dass er tot und begraben ist. Aber merke mir", und sie klatschte mit der Hand auf ihre wogende Brust, „merke mir, etwas anderes hat hier Einzug gehalten, mit Trommeln und Trompeten und hohem Jubel: Hass! – Ich hasse dich, Herdegen, wie ich Tod, Pest und Hölle hasse; und ich hasse dich doppelt so sehr, da deine Geschicklichkeit mit dem Rapier dem Kampf mit dem Brandenburger, in den ich dich verwickelt habe, ein so perverses Ende bereitet hat.

Daraufhin packte Cousine Maud, selbst wild vor Wut, sie erneut am Arm, um sie aus dem Zimmer zu ziehen, aber Ursula fuhr in milderem Ton fort:

„Nur noch ein paar Augenblicke, ich bitte Sie; denn bei der Heiligen Jungfrau und allen Heiligen schwöre ich, dass ich nicht zu so später Stunde hierher gekommen wäre, ohne Herdegen meine Botschaft zu überbringen."

Meine Cousine ließ sie frei, und sie zog ein schriftliches Papier hervor und fragte erneut nach Ann; Allerdings sagte mein Bruder, dass er nicht vorhabe, sie herbeizurufen, und wünschte, dass sie ihm das Papier geben würde, wenn es ihn tatsächlich betreffe. Darauf antwortete sie, dass er so viel bald wissen würde, da es ihre Absicht sei, es der Gesellschaft vorzulesen, nur sie hätte gerne seine schöne Geliebte unter den Zuhörern gehabt. Obwohl sie eine gute, laute Stimme hatte, dankte sie den Heiligen, und die Türen im Haus der Schoppers waren kaum dicker als in den Häusern anderer Leute. Der Brief in ihrer Hand war ihr vom neu ernannten Pfarrer Seiner Hoheit, dem Kurfürsten und Erzbischof von Trier, der bei den Tetzels untergebracht war, zur Übergabe an Herdegen übergeben worden. Er hatte ihn nicht finden können, ebenso wenig wie die Soldaten des Kaisers; Deshalb hatte er sie gebeten, gut darauf zu achten, dass sie es Junker Schopper selbst in die Hand gab. Aber wahrlich, sie würde noch mehr tun und ihm die Mühe ersparen, es zu lesen.

Daraufhin befahl mein Bruder ihr in großem Zorn, nicht länger das zu behalten, was ihr nicht gehörte; Doch sie weigerte sich, und während Herdegen ihre Hand ergriff, um das Papier wegzureißen, schrie sie dem

Böhmen zu: „Gib ihm, was ihm zusteht, für einen Schurken, der Jungfrauen beleidigt, diesen Ausgestoßenen, für den ich dich verachtet und missschätzt habe! Hilfe, Hilfe, wenn.“ Du bist kein Trottel!"

Dennoch hatte mein Bruder ihr den Brief bereits entrissen, und der Böhme, der seine Hand an seinen Dolch gelegt hatte, überlegte es sich anders, als sein Blick meinen warnenden Blick traf.

Es war ein furchtbarer Moment des Schreckens, und Ursula, deren Haar offen war, während ihre blitzenden blauen Augen voller Hass Blitze auf das eine und das andere schossen, stand da und klammerte sich an die schwere Kommode, auf der unsere Silber- und Glasgefäße ausgestellt waren schrie so laut sie schreien konnte: „Der Brief ist von seiner Geliebten in Padua, der Marchesa Bianca Zorzi. Die Klinge dieses listigen Schwertkämpfers machte sie zur Witwe, und jetzt bittet sie ihn, in ihre Arme zurückzukehren. Die zärtliche und leidenschaftliche Dame.“ ist in Venedig, und ihre Absicht ist es, dort in Liebe und Vergnügen mit dem Mörder ihres Mannes zu schwelgen. Und er – auch wenn er dem Mädchen des Schreibers tausend Gelübde geschworen hat – wird er den Befehlen der italienischen Circe gehorchen, und wenn er ihr entkommen kann Er wird in die Fallstricke eines anderen geraten. Oh! Ich kenne ihn; und ich fühle in meiner Seele, dass sein Schicksal darin bestehen wird, mit einander in Freuden und Verzückungen herumzuhängen, bis die Heiligen den größten Wunsch meines Herzens erfüllen und er zu sich kommt Verzweiflung und Angst und Not, und die Schreiberin bricht ihr Herz vor meinen Augen vor Sehnsucht und purer Scham. Weg, weg, Herdegen Schopper! Geh hin zur Freude und zum Elend! Geh mit deinem blassen schwarzhaarigen Kumpel. Schwelgen Sie und schwelgen Sie, bis Sie, die Sie die wahre Liebe dieses Herzens mit Füßen getreten haben, erniedrigt werden – in den Augen der Menschen so abscheulich wie ein Aussätziger und ein Bettler.“

Und sie schüttelte die Kommode, so dass der kostbare Glasbecher, den die deutschen Kaufleute des Fondaco in Venedig meinem Vater bei seiner Abreise geschenkt hatten, zu Boden fiel und mit lautem Krachen in Stücke zerbrach.

Wie gebannt und erstarrt hatten wir ihren Schwärmereien zugehört; Und als wir endlich den Mut fassten, ihrem wilden Gerede ein Ende zu machen, war sie verschwunden und flog mit großen Schritten die Treppe hinunter.

Herdegen, der blass geworden war, hatte Mühe, sich zu beherrschen. Cousine Maud, die vor Bestürzung den Atem verloren hatte, brach in lautes Weinen aus; Der Fluch der wilden Magd lag schwer auf ihrer Seele. Ich war der Einzige, der meine Besinnung bewahrte und zum Fenster ging und sie ansah. Ich sah sie mit hängendem Kopf einhergehen; Der Diener trug die Laterne vor sich her, und der Böhme redete ihr dicht ins Ohr.

Als ich ins Zimmer zurückkam, hatte Cousine Maud ihren Arm um Herdegen gelegt und sagte ihm unter vielen Tränen, dass der Fluch der Bösen keine Macht über einen frommen und treuen Christen habe; Dennoch verließ er sie eilig, um Ann zu suchen, die zweifellos im Nebenzimmer geblieben wäre und möglicherweise seinen Beistand brauchte. Doch die Tür wurde geöffnet, und wir konnten unseren Augen kaum trauen, als sie mit demselben schelmischen Lächeln hereinkam, das sie immer zu tragen pflegte, als sie sich beim Versteckspiel an dem Suchenden vorbeigeschlichen hatte, und sie rief: „Der Jungfrau sei Dank, dass die Luft wieder klar ist! Du magst lachen, aber in Wahrheit bin ich aus reiner Angst vor Herrin Tetzel in die Dachstube geflohen. Ist sie gekommen, um ihren Bräutigam zu holen?“

Herdegen konnte sich bei dieser Frage ein Lächeln nicht verkneifen, und wir taten es ihm gleich; Sogar Cousine Maud, die bis zu diesem Moment wie zerschmettert auf dem Sofa gesessen und die Füße vor sich ausgestreckt hatte, verzog das Gesicht und schrie: „Um ihn zu holen! Ursula, die den Böhmen gefangen hat! Sie ist ein Monster! Waren je.“ Solche Taten hat man in unserer guten Stadt gesehen? – Und ihre Mutter war eine so weise, eine so würdige Frau! Und das Mädchen ist erst neunzehn! – Barmherziger Vater, was wird sie mit vierzig oder fünfzig sein, wenn die meisten Frauen gerade anfangen, böse zu sein! " Und so machte sie eine Weile weiter.

Bald vergaßen wir Ursula und all die hasserfüllten Aufgaben und verbrachten die kostbaren Stunden voller Zufriedenheit, bis die Pernharts nach Mitternacht schickten, um Ann nach Hause zu holen. Herdegen und ich würden mit ihr gehen. Nach einem schmerzlichen, aber hoffnungsvollen Abschied kam ich, auf seinen Arm gestützt, durch die kühle Herbstnacht wieder nach Hause.

Als ich Herdegen nun beim Gehen wegen der schönen Marchesa und ihrem Brief ermahnte, erklärte er mir, dass er in diesen bösen Wochen, die er als Diener in der Hütte des Imkers in bitterer Sehnsucht verbracht hatte, die seinen kennengelernt hatte eigene Meinung. Weder die Marchesa, die er aus tiefstem Herzen verachtete, da sie bei all ihrer Schönheit voller List und Lügen war, nein, noch das Ereignis der Dame Venus selbst konnte ihn nun von der Liebe und Pflicht abbringen, die er geschworen hatte an Ann. Er würde tatsächlich eher von Genua als von Venedig aus das Schiff nehmen, wenn er sich nicht vor solchen Ängsten vor seiner eigenen Schwäche schämen würde und sich nicht danach sehnte, unseren Bruder Kunz, den er so lange nicht gesehen hatte, noch einmal zu sehen .

Es fiel mir schwer, in dieser Angelegenheit klar zu sehen. Dennoch könnte ich es nicht für klug halten, ihm die erste Chance zu verweigern, sich als wahr und ehrlich zu erweisen; Ebenso schien es mir, dass die Anwesenheit unseres jüngeren Bruders ein sicherer Schutz vor Versuchung sein würde. Unter den

Augen der Bilder unserer Eltern wünschte ich ihm für die wenigen Stunden bis zu seiner Abreise eine gute Nacht, und als ich auf sie zeigte, verstand er mich, schloss mich liebevoll in seine Arme und sagte: „Keine Angst, kleine Mutter Margery!"

Wir waren wieder bei Herdegen oder es war Morgen. Während wir schliefen, hatte er einen liebevollen Brief an meinen Großonkel geschrieben, der ihm gestern seine Anwesenheit verboten hatte, um seine Pflicht und Dankbarkeit zu bezeugen.

Die Hähne krähten noch immer in den Höfen, und die Landleute kamen mit Eseln und Wagen in die Stadt, als ich mein Pferd bestieg, um mit meinem Bruder auszureiten. Er war im Hof mit dem neuen Diener beschäftigt, den er angeheuert hatte, weil Eppelein, den man sicherheitshalber nicht mit ihm hatte untertauchen lassen, sozusagen vom Erdboden verschwunden war. Nein, und wir wussten aus welchem Grund und Grund, denn Dame Henneleinlein hatte den Männern des Königs geraten, ihn festzunehmen, damit er auf die Folterbank gelegt werden könne, um die Kunde davon zu bringen, wo sein Herr versteckt lag. Wenn sie ihn gefangen hätten, wäre es seinen kräftigen Gliedmaßen wirklich schlecht ergangen; Aber der unbeschwerte Knecht war bei den Dienern und Mägden des Hofvolkes beliebt, hatte Freude am Weinkelch und an allen möglichen Vergnügungen, und so hatten sie ihn verschenkt. Und während wir von Tag zu Tag in großer Angst lebten, kam jede Woche zwei- oder dreimal eine alte Kohlenfrau aus dem Wald und brachte der Küchenfrau Holzkohle zum Verkaufen, und obwohl sie immer weggeschickt wurde, wurde sie doch immer wieder weggeschickt Würde sie wiederkommen und viele Fragen stellen?

Während wir noch warteten, bis Herdegen fertig war, kam die alte Frau mit ihrem Karren vorbei, und als sie um einige notwendige Dinge gebeten hatte, zog sie unter lautem Lachen ihr Kopftuch ab, und siehe da, in ihrem Frauenkleid standen Eppelein und keine andere. Daraufhin herrschte großer Jubel und in wenigen Minuten verwandelte sich der schlaue Kerl wieder in einen kräftigen Reiter, wenn auch ohne Bart.

Eppeleins Rückkehr half Cousine Maud, den Kummer des Abschieds zu überwinden. Doch als wir endlich gehen mussten, wurde es für sie schwer. Am Tor wurden wir von den Pernharts mit Ann und Onkel Christian empfangen. Mylord, der Oberrichter, war ebenfalls dort, um Herdegens Abreise zu bezeugen; auch Heinrich Trardorf, sein liebster Schulkamerad, der immer sein treuer Freund gewesen war.

Wir hatten die Mauern und den Wassergraben der Stadt weit hinter uns gelassen, als wir rasche Pferde auf unseren Fersen hörten und Sir Franz mit zwei Dienern sich der Gemeinschaft anschloss. Mein Bruder hatte bald einen Platz an Anns Seite gefunden und wir gingen in gemächlichem Tempo voran;

und wenn sie Lust hatten, sich zu küssen, während sie sich von ihren Sätteln beugten, brauchten sie keinen Zeugen zu fürchten, denn der Herbstnebel war so dicht, dass er jeden vor seinem nächsten Nachbarn verbarg.

So fuhren wir weiter bis nach Lichtenhof, und während wir dort Halt machten, um ein letztes Mal Abschied zu nehmen, schien es mir, als ob der Himmel uns gern ein freundliches Versprechen schicken würde. Der Nebel teilte sich plötzlich wie auf das Zeichen eines Zauberers, und vor uns lag die Stadt mit ihren Mauern, Türmen und leuchtenden Dächern, überragt von der edlen Zitadelle. So trennten wir uns fröhlicher, als wir geglaubt hatten, und die Liebenden konnten sich noch eine ganze Weile gegenseitig durch das Schwenken von Hut und Kopftuch ein Zeichen geben.

Kapitel VII.

Herdegens Weggang markiert einen weiteren Meilenstein in meinem Leben. Alle Ängste um ihn waren vorbei und ein großer Frieden überkam mich.

Ich hatte aus Erfahrung gelernt, dass es in meiner Macht lag, Herr über jeden Herzensschmerz zu sein, und ich konnte mir sagen, dass das stumpfe Erdulden von Leid demjenigen missfallen würde, dessen Urteil mir am meisten am Herzen lag. Ihm zu gedenken war das, was ich am meisten liebte, und ich hatte den ernsthaften Wunsch, meine Schritte so zu leiten, wie es sein Wunsch und Wille gewesen wäre. Bis zu einem gewissen Grad gelang mir das, und Ann war meine große Helferin.

Meine Augen und Ohren wurden wieder geöffnet für das, was in der Welt passieren würde, in der mein Geliebter gelebt hatte; Dies umso mehr, als sich nun im Land und an seinen Grenzen Dinge ereigneten, die mein eigenes liebes Zuhause zutiefst beunruhigten und es mit großer Gefahr bedrohten.

Nachdem der Landtag aufgelöst worden war, war der Kurfürst Friedrich von Brandenburg gezwungen, Geduld zu üben, bis die von den Gemeinden ausgesandten Fürsten, Herren und berittenen Soldaten, jeweils fünf oder sechs, sich seinem Geheiß anschließen konnten, um den Reichstag zu verfolgen Hussiten in Böhmen. Ein Jahr wurde so untätig verbracht; Allerdings konnten die böhmischen Rebellen inzwischen jeden Tag ihre Waffen einsetzen und marschierten, anstatt auf einen Angriff zu warten, zum Angriff vor. Einige Truppen der Ketzer hatten bereits die Grenzen überschritten, und unsere gute Stadt musste ihre Mauern verstärken und ihren Wassergraben tiefer graben, um für Sturm und Belagerung gewappnet zu sein. Oder wann immer der Landtag zusammengetreten wäre, viele Hände hätten bereits an diesen Gebäuden gearbeitet; und in diesen Tagen schwang jede Menschenseele in Nürnberg, vom Knaben bis zum grauhaarigen Mann, den Spaten oder die Kelle. Jeder Diener in jedem Haushalt, ob Handwerker oder Patrizier – und unserer wie der Rest – war verpflichtet, beim Graben zu schuften, und unsere guten jungen Herren sahen sich gezwungen, bei Sonne oder Regen zu arbeiten oder den anderen Befehle zu erteilen; und es tat ihnen nicht mehr weh als dem Magister, dessen Schwäche und Ungeschicklichkeit die Werke weniger nützten als die Arbeit seinem gebrechlichen Körper.

Wo immer sich drei Männer unterhielten, handelte es sich mit Sicherheit um Staatsangelegenheiten und vor allem um die Hussiten. Zuerst ging es um die Friedensbotschaft des Königs; vom Widerstand des pfälzischen Kurfürsten Ludwig bei der Aufnahme des geistlichen Kurfürsten von Mainz als Generalvikar des Reiches; über den Würdeverlust des ehrwürdigen Kurfürsten in Boppard und über die Verzögerung und das Unheil, das darauf folgen musste. Dann hörte man im Ausland, dass der Markgraf Friedrich von

Meißen, der nun die Ländereien des verstorbenen Kurfürsten Albrecht von Sachsen als Lehen des Königs innehatte und dessen Land ein starkes Bollwerk gegen die Böhmen war, im Begriff sei, dem Krieg ein Ende zu setzen Abscheulichkeit der Häresie. Allerdings taten weder er noch Herzog Albrecht von Österreich etwas Gutes gegen den Feind; und im ganzen Imperium lief es schlimm genug.

Die in Bingen versammelten Kurfürsten beklagten sich heftig darüber, dass der König so weit weg weilte, und das zu Recht; und als er sie nun zu einem Landtag nach Wien aufforderte, gehorchten sie nicht. Die Friedensbotschaft wurde verächtlich belächelt; Und wie viel Blut wurde in vielen, vielen Kämpfen vergossen, um den Boden des Reiches zu ernähren!

Und welches Schicksal ereilte die Armee, auf die so große Hoffnungen gesetzt worden waren? Der Mut und das Können des Anführers waren vergebens; Die riesige Schar, deren Anführer er war, bestand aus vielen Teilen, alle unterschiedlich und jeder mit seinem eigenen Häuptling; und die Wut der Ketzer zerstreute sie ins Ausland. Ebenso gab es unter unseren friedlichen Bürgern nicht wenig Klage, und zwar aus gutem Grund, dass ein König das Reich regieren sollte, dessen Reich Ungarn mit den Gefahren, die es durch die osmanischen Türken, die Böhmen und andere Feinde bedrängte, seine Gedanken so beschäftigte dass er weder Zeit noch Verstand noch Geld hatte, um seinen deutschen Staaten die gebührende Sorgfalt zukommen zu lassen. Seine Schatzkammer war immer leer; und welche Summen hatte allein der glücklose Krieg mit Venedig verschlungen! Er hatte nicht einmal das nötige Geld gefunden, um nach Rom zu gehen und sich dort zum Kaiser krönen zu lassen. Es war ihm nicht gelungen, die umstrittenen Fürsten des Reiches sozusagen unter einen Hut zu bringen; und während sein Vater, Karl IV., der Erzstiefvater des Deutschen Reiches genannt wurde, verdiente Sigismund, obwohl er eine großherzige, kluge und unruhige Seele war, kaum einen besseren Namen, insofern er, wie der frühere Herrscher, war Als er Erbe seines böhmischen Vaterlandes wurde, wusste er nicht einmal damit umzugehen, wie es sich für einen wahren Vater gehörte.

Es verging keine Woche nach Herdegens Abreise, als ein Brief von seiner eigenen Hand an Ann ging, und alles voller treuer Liebe. Auch ich hatte vor nicht allzu langer Zeit solche Briefe von jemand anderem erhalten, und so kam es, dass diese, die Ann große Freude bereiteten, mein schmerzendes Herz nur noch mehr schmerzten. Und wenn ich schweigend und mit gesenktem Kopf vom Tisch aufstand, bat der Magister oft um Erlaubnis, mir in mein Zimmer zu folgen und mich in seiner eigenen Gestalt zu trösten. In gutem Glauben würde er mir Bücher vorlegen und sich bemühen, mich zu verführen, damit ich Freude an ihnen habe, als dem besten Heilmittel gegen die Schwermut meiner Seele. Das Leben der mächtigen Heiden, wie sein Plutarch es malte, würde, sagte er, sogar eine schwache Seele zu ihrer Größe erheben und die Consolatio Philosophiae von Boetius würde mit Sicherheit mein betroffenes Herz erfrischen. Allerdings hat mir eine einzige gut verbrachte Stunde im Leben oder eine mühsame, zum Guten fruchtende Tat immer mehr Trost gebracht als ein ganzer Stapel mit Schweinsleder überzogener Wälzer. Dennoch sind mir hin und wieder bestimmte Verse der Heiligen Schrift oder ein weiser und wahrlich richtiger edler Ausspruch aus den Schriften der Griechen oder Lateiner wie ein Körnchen guten Samens auf meine Seele gefallen.

Traurigerweise folgten auf die ersten Briefe von Herdegen, die allesamt in Sonnenschein getaucht waren, weitere, die uns nur mit Ängsten erfüllen konnten. Die Pilger hatten zu lange gebraucht, um bis nach Venedig zu gelangen, weil Sir Franz nach der Bienner krank geworden war und mein Bruder ihn fleißig und treu gepflegt hatte. So geschah es, dass ein anderes Nürnberger Kind, obwohl es ihnen nachging, an ihnen vorbeiging; und das war Ursula Tetzel, deren Vater es für gut hielt, sie aus der Stadt zu schicken, wo ihr tatsächlich der Boden zu heiß geworden war, da sie Anlass zu zwei blutigen Auseinandersetzungen gegeben hatte; und Cousine Maud hatte sicherlich nicht über ihr ungezügeltes Verhalten in unserem Haus geschwiegen.

Nun war Herrin Mendel, ihre Tante, vor vielen Jahren in die Stadt St. Mark gegangen, und obwohl es dort gegen das Gesetz verstieß, dass ein Adliger eine fremde Jungfrau heiraten durfte, war sie mit Genehmigung der Republik längst zur Stadt geworden Ehefrau von Filippo Polani, mit dem sie noch immer in großer Bequemlichkeit und Ehre zusammenlebte. In Augsberg, in Ulm und in Frankfurt gab es viele Adelsfamilien aus der Familie der Tetzels, doch sie hatte sich entschieden, zu dieser Tante nach Venedig zu gehen; und zweifellos hatte die Erwartung, Herdegen dort zu treffen, ob in Liebe oder Hass, bei ihr eine große Rolle gespielt.

So traf es zu, dass sie ihn in Brixen fand, wo er bei dem kranken Ritter weilte; und er schrieb, dass er im Laufe der Zeit mehr mit ihr und ihrem Vater zu tun hatte, als ihm lieb war, und dass an einem fremden Ort viele Angelegenheiten leichtfertig geglättet wurden, während zu Hause Mauern und Gräben sie getrennt hätten; ja, dass der Nürnberger in Italien sogar einen Kölner seinen Landsmann nennen würde.

Ich für meinen Teil konnte mir überhaupt nicht vorstellen, wie diese beiden jemals mehr ein freundliches Wort miteinander sprechen sollten, und diese Begegnung gefiel mir in Wahrheit nicht. Sein nächster Brief stimmte uns jedoch umso mehr. Er hatte dann Kunz gesehen, ihn mit großer Freude begrüßt und war im Fondaco, dem Deutschen Kaufmannshaus, untergebracht, wo auch Kunz sein eigenes Zimmer hatte.

Herdegens nächster Brief aus Venedig überbrachte uns die schlechte Nachricht, dass die Pest ausgebrochen sei und dass er keine Gemeinschaft finden könne, mit der er reisen könne, weil man die Gefäße nicht auswerfen dürfe, solange die Krankheit in Venedig wüte Ankern in jedem Seehafen der Levante. Und eine große Angst überkam mich, denn unser lieber Vater war diesem Übel zum Opfer gefallen.

In seinem dritten oder vierten Brief teilte uns unser Pilger mit einiger Verachtung mit, dass die Marchesa Zorzi, die tatsächlich aus Padua dorthin gezogen war und sich im Haus von Filippo Polani mit Ursula angefreundet hatte, ihn gebeten hatte, sie zu bedienen , von einer ihrer Seiten; Dennoch könnte er stolz sein – sagte er – auf die selbstherrliche und standhafte Weigerung, die er ein für alle Mal erwidert hatte. In Wahrheit schürte ich tiefere Befürchtungen, als meine beiden Brüder über die schwarzen Lastkähne schrieben, die bis zum Dollbord mit nackten Leichen beladen waren und in der stillen Nacht durch die Kanäle schlichen, um ihre schreckliche Fracht auf den Friedhofshöfen am Ufer abzuwerfen , oder ins offene Meer. Die Pest wütete in der Nähe des Fondaco, und meine beiden Brüder lebten inmitten der Toten; Nein, und Ann wusste, dass Ursula ihren Geliebten nicht verlassen würde, obwohl der Palazzo Polani, in dem sie Unterkunft gefunden hatte, direkt neben dem Fondaco lag.

Doch so schwer es auch ist, sich das vorzustellen, nie hatte die Musik in den Tanzsälen Venedigs mit lauterem Vergnügen geklungen, noch war das Geld sanfter von Hand zu Hand über die Spieltische geworfen worden, noch war Hatte es zu irgendeinem Zeitpunkt heißeres Liebesspiel gegeben? Es muss sein, dass jeder Einzelne darauf bedacht war, in der kurzen Lebensspanne, die ihm vielleicht noch zur Verfügung stand, alle Freuden langer Jahre zu genießen. – Und die wichtigste davon war die Marchesa Bianca Zorzi.

Was Herdegen betrifft, so ertrug er die engen Gemächer des Fondaco-Hauses nicht lange; Von Ungeduld und Herzschmerz getrieben, saß er vom Morgen bis zum Abend in seinem Boot oder auf der großen Piazza oder auf den Wasserstraßen; und da er immer dorthin flatterte, wo Damen von Rang und Schönheit zu finden waren, wie eine Motte zum Licht fliegt, war diese böse Frau immer auf seinem Weg, Tag für Tag, und wann auch immer ihre Gastgeber es ertragen wollten, würde Ursula es sein mit ihr. Nein, und das deutsche Mädchen, das von den Kartäuserinnen Besseres gelernt hatte, schämte sich nicht, dieser sündigen Italienerin zu helfen und ihr Vorschub zu leisten. Daher war mein Bruder in großer Gefahr, dass Ursulas Prophezeiung durch seine eigene Schuld in Erfüllung gehen würde. Tatsächlich hatte er bereits seinen Fuß in der Feder, denn er konnte dem Gebot der Marchesa, an ihrem Namenstag zu ihrem Haus zu gehen, nicht widersprechen. Es war eine höhere Macht, die zwischen sie trat und ihm barmherzige, aber schmerzliche Reue gewährte; Die Pest, der unermüdliche

Henker des Todes, entriss den Lebenden die schöne, aber sündige Frau. Ursula trauerte um sie, als wäre ihre eigene Schwester gestorben; und es schien, dass die Marchesa das Band, das sie auch über das Grab hinaus zusammengehalten hatte, gern aufrechterhalten wollte, denn bei ihrer Beerdigung sah der Sohn einer der ältesten und edelsten Familien der Republik zum ersten Mal Herrin Ursula Tetzel und war voller Liebe für das Mädchen. Sie war oft im Ausland mit der Marchesa oder den Polanis gesehen worden, und die jungen Herren der Signoria, die Maler und Dichter hatten ihr gute Noten verliehen; Der natürliche Goldton ihres Haares war für die Italiener ein Staunen und eine Freude; Tatsächlich saßen so manche schwarzhaarige Dame und gewöhnliche Hure auf ihrem Dach und versuchten vergeblich, die Farbe aus ihren eigenen Locken zu entfernen. Ebenso verhielt es sich mit ihrer samtenen Haut, die schon in Nürnberg die Menschen oft an die Magd aus dem Märchen „Schneewittchen und Rosenrot“ erinnerte.

So kam es, dass Anselmo Guistiniani zu Lebzeiten seiner Cousine, der Marchesa Zorzi, von ihr gehört hatte, als dieser wegen Staatsangelegenheiten von Venedig abwesend war. Und als er sie mit seinen eigenen Augen inmitten der Trauernden erblickte, hatte sein Herzensfrieden ein Ende; Er machte sich sofort daran, sie für sich zu gewinnen. Doch Ursula begegnete ihrem edlen Verehrer mit eisiger Kälte, und als er und Herdegen im Palazzo Polani, in dem sie logierte, zusammenkamen, tat sie so, als ob sie meinen Herrn überhaupt nicht sah und keine Augen und Ohren außer meinem Bruder hatte; bis es mehr war, als Guistinani ertragen konnte, und er plötzlich ging. Herdegens Brief, der uns all dies erzählte, war voller freundlichem Mitleid mit der schönen und unglücklichen Jungfrau, die sich ihm gegenüber so niedrig erniedrigt hatte, weil ihre feurige Liebe ihr den Verstand verdreht hatte und sie sich immer noch nach ihm sehnte dem sie seit ihrer Kindheit treu geblieben war. Sie hatte dies sogar vor den Augen eines so herrschaftlichen Verehrers wie Anselmo Giustiniani freimütig gestanden; Und wenn Ann auch trotz Ursula seiner Standhaftigkeit sicher sein mochte, würde er doch nicht leugnen, dass er Ursula viel verzeihen konnte, weil sie viel geliebt hatte, wie es in der Heiligen Schrift heißt. Jeder Schatten der Gefahr war für ihn verschwunden und vorbei; er hatte sich bereits von Ursula verabschiedet und sollte am nächsten Morgen nach Genua weiterreiten, die von der Pest heimgesuchte Stadt hinter sich lassen und dorthin ein Schiff nehmen. Es war in der Tat gut, dass er abreisen sollte, denn Giustiniani hatte ihm gestern, als er Ursula eine gute Nacht wünschte, zu verstehen gegeben, dass er, Herdegen, im Weg sei; zu Hause hätte er mit gutem Recht jedem Mann, der es gewagt hätte, mit ihm zu sprechen, seine Zähne gezeigt, aber in Venedig war jedem Mann, der im Fondaco logierte, der Gebrauch von Waffen verboten, und er hatte von Anselmo Giustiniani gehört dass er, anders als der Rest seiner adligen Rasse, die wohlwollende Männer und

Förderer der Wissenschaft waren, ein strenger und gewalttätiger Mann war, obwohl er ein umsichtiger Staatsmann und der Stadt dienstbar war. So viel könnte ein Mann tatsächlich in seinen düsteren schwarzen Augen lesen; und so mancher Fremde, obwohl er Adliger und Ritter war, der sich mit einem venezianischen Signor seines Ranges überworfen hatte, war für immer verschwunden, niemand wusste wohin.

Als wir diese Worte lasen, verschwand das Blut von Anns Wange; aber ich biss die Zähne zusammen, denn ich muss gestehen, dass Herdegens Art und Weise und seine Worte meinen Zorn erregten. In Anns Gegenwart konnte ich meinen Zorn freilich verbergen; aber als ich allein war, schlug ich meine rechte Faust in die linke Hand und fragte mich, ob ein Mann oder eine Frau das eitlere Geschöpf sei? Denn was zog meinen Bruder immer noch zu dieser Magd hin, die ihn und den Gegenstand seiner Liebe immer mit grausamem Hass verfolgt hatte – tatsächlich so stark, dass er bereit gewesen wäre, sie zu schätzen und zu trösten –, als die Freude, sich selbst zu finden – ein bloßer Stadtjunker – lieber als dieser große Adlige? Ich für meinen Teil sah deutlich, dass Ursula wieder dasselbe Spiel spielte, wie sie es hier mit Herdegen und dem Brandenburger gespielt hatte. Sie sprach den Mann, den sie hasste, vor dem eifersüchtigen Marchese fair aus, nur um den Zorn dieses mächtigen Adligen gegen meinen Bruder zu wecken.

Nach alledem jubelte mein Herz, als wir Herdegens ersten Brief aus Genua erhielten, und zwar an Bord der Galeone, die ihn, Sir Franz und Eppelein nach Zypern bringen sollte. Darin gab er bekannt, dass er Venedig ohne Erlaubnis oder Behinderung verlassen hatte, und verabschiedete sich mit so viel Fröhlichkeit, Liebe und Hoffnung von uns, dass Ann und ich alles vergaßen und von ganzem Herzen vergaben, was uns zornig gemacht hatte. Dieser letzte Gruß kam wie ein duftender Liebesstrauß und half uns, an Herdegens lange Pilgerreise zu denken, wie er es selbst tat – als einen Ausritt in den Wald. Aus diesem Brief wussten wir auch, dass er nie gewusst hatte, welcher Gefahr er entkommen war; denn schon bald erfuhr ich von Kunz, dass bereits am nächsten Abend nach Herdegens Abreise in der krummen Straße namens St. Chrysostomus im hinteren Teil des Deutschen Kaufmannshauses bezahlte Mörder über ihn hergefallen waren; ja, und sie hätten ihn leicht überwältigt, wenn ihm nicht einige große, starke Tiroler Ballenpacker aus dem Fondaco zu Hilfe gekommen wären, sonst wäre es zu spät. Und es war absolut sicher, dass diese Mörder im Auftrag von Giustiniani standen und Kunz in der Dämmerung für seinen Bruder gehalten hatten, der ihm in gewisser Weise ähnelte. Der Jüngere war durch die besondere Gnade der Heiligen unverletzt davongekommen, aber es hätte durchaus passieren können, dass er, wie damals in seiner Schulzeit, die Strafe für Herdegens Verfehlungen hätte tragen müssen. Und während ich mich hier an die vielen Arten erinnere, in denen mein ältester Bruder erfolgreich war und den jüngeren übertrumpfte, und an andere ähnliche Fälle, scheint es mir das Los einiger weniger zu sein, andere und nicht ihre Vorgesetzten zuzulassen in ihrer Sonne und esse die Früchte, die an ihren Bäumen reif sind.

Allerdings war Herdegen glücklicherweise einem heftigen Kampf entgangen; und als Ann und ich, nebeneinander in der St.-Laurentius-Kirche kniend, aus tiefstem Herzen eine Danksagung dargebracht hatten, kam es mir vor wie ein Kapitän, der nach einem Sieg das Te Deum singt.

Doch wie so oft im Monat Mai, wenn das Sonnenbad eine Zeit lang in sommerlicher Hitze und Herrlichkeit erstrahlte, eine düstere Zeit mit dunklen Tagen und scharfem Frost in den Nächten kommt, so empfanden wir den langen Zeitraum, der darauf folgte, als froh und frommer Kirchenbesuch. Aus Tagen wurden Wochen und von Wochen zu Monaten, und wir erhielten keine Nachricht, keine Nachricht von unseren Pilgern, weder im Guten noch im Bösen.

Wahrlich, es war geradezu ein Trost und eine Hilfe, als die Wachenden, Kunz und andere Freunde, die sichere Nachricht überbrachten, dass die Galeone, die Herdegen nach Zypern brachte und den Lomellini von Genua gehörte, war auf See verloren gegangen. Sarazenenpiraten, so hieß es, hätten das Schiff gekapert; Aber weitere Nachrichten darüber, was der Mannschaft und den Reisenden widerfahren war, ließen sich nicht erfahren, obwohl Kunz sich sofort nach Genua begab und die Futterers, die dort ein eigenes Haus und Gewerbe besaßen, alles taten, um ihre Spuren zu finden . Das älteste und beste Glied der Schopper-Kette war unserer Meinung nach entrissen worden, vielleicht für immer; Der Tod ihres Geliebten hatte dem Dritten und Geringsten das Leben fortan bitter gemacht, und nur der Mittlere, Kunz, blieb unverletzt und so ruhig, dass es das Herz seiner Eltern hätte erfreuen können, ihn zu sehen. Das dachte ich zumindest, als ich ihn nach langem Abschied noch einmal ansah, einen stattlichen Mann, groß und von schönem Aussehen. Alles, was jemals in ihm gut und würdig gewesen war, hatte sich in Venedig, dieser hohen Schule der Kaufmannsklasse, gut entwickelt und sich gut entwickelt; aber wo war die lächelnde Fröhlichkeit, die ihn als Jugendlichen geprägt hatte? Die gleiche ernste Ruhe strahlte in seinem weisen und sanften Blick und hallte in der tiefen Stimme wider, die er jetzt bekommen hatte.

Mein Großonkel hatte ihn nur gering geschätzt, solange Herdegen seine Freude war; Aber während Kunz in Venedig gute Dienste geleistet hatte und der Herr des Im Hoff-Hauses dort tot war und unser Vormund selbst, der von einer schweren Krankheit befallen war, sich Tag und Nacht hingab, um seinem Ende zu begegnen, war er es nach und nach getan wenig, übergab seinem jungen Neffen die gesamten Geschäfte des Handels; So kam es, dass Kunz bereits im Alter von zwanzig Jahren dazu berufen wurde, Angelegenheiten zu leiten, die man gemeinhin nur einem Mann in reifem Alter anvertraut. Aber seine Macht und Weisheit wuchsen mit der Last seiner Lasten. Ob in Nürnberg oder in Venedig, er stand immer früh auf und war, wenn nötig, bereit, die Nachtruhe aufzugeben, indem er an seinem Schreibtisch saß oder mit großer Geschwindigkeit reiste; und er schien weder Augen noch Ohren für die Freuden der Jugend zu haben. Oder wenn er vierundzwanzig war, entdeckte ich die ersten weißen Haare in seinen braunen Locken. Viele waren der Meinung, dass die ungewöhnliche Ernsthaftigkeit seiner Manieren auf die Last der Fürsorge zurückzuführen sei, die ihm so jung auferlegt worden war, und das wahrlich nicht ohne Grund; doch das Herz meiner Schwester war sich einer anderen Ursache bewusst. Als ich zufällig sah, wie sein Blick auf Ann ruhte, wusste ich genug; und es war eine Gewissheit, dass ich mich in meinen Gedanken nicht geirrt hatte, als die alte Dame Pernhart eines Tages in seiner Gegenwart von Ann als ihrer armen, lieben kleinen Witwe sprach und ihm das Blut in die Stirn stieg.

Am liebsten hätte ich ein Wort der Warnung an Ann gerichtet, als sie ihm mit herzlicher und schwesterlicher Liebe für all die Mühe dankte, die er mit unerschütterlicher Geduld auf sich genommen hatte, um irgendein Zeichen unseres verlorenen Bruders zu finden. Und wie schön war die verlassene Braut in diesen Tagen des Wartens und der müden, unbefriedigten Sehnsucht!

Armer Kunz! Zweifellos liebte er sie; und doch gab er ihr weder durch Wort noch durch Tat Anlass, den Wunsch seines Herzens zu erraten. Als etwa um diese Zeit der alte Hans Tucher starb, einer der würdigsten und weisesten Vorsteher der Stadt und des Rates, schenkte Kunz Ann zu ihrem Namenstag ein Gebetbuch mit dem Motto des alten Mannes, das er hineingeschrieben hatte für die Bestätigung von Kunz, die wie folgt lautete:

„Gott regiert alles zum Besten
und sorgt endlich für ein glückliches Ende.“

Und Ann nahm das Geschenk mit Freuden an; und mehr als einmal, wenn nach einer Enttäuschung mein Mut sank, zeigte sie auf das Versprechen „Und schickt endlich ein glückliches Ende.“

Daraufhin blickte ich beschämt und beschämt zu ihr auf; Denn es ist eine Sache, nicht zu verzweifeln, und eine andere, mit unerschütterlicher Zuversicht auf einen glücklichen Ausgang zu vertrauen. Sie könnte dies tatsächlich tun; und als ich sie Tag für Tag bei ihren mühsamen Aufgaben sah, wie sie tapfer und fröhlich die harten und bitteren Übungen erfüllte, die ihr Beichtvater ihr auferlegt hatte, um die Gunst der Heiligen für ihren

Geliebten zu gewinnen, weinte ich vor dem Apostel Er hat die Wahrheit gesagt, als er sagte, dass die Liebe alles hofft und alles glaubt.

Dennoch war es weder für sie noch für uns leicht, unser Vertrauen aufrechtzuerhalten; Hin und wieder kam eine Spur des verlorenen Mannes zum Vorschein, die, sobald Kunz ihr nachging, wie eine Kürbislaterne im Nebel verschwand. Und auch wenn er scheiterte, war er oft nicht übermüdet; und als er einmal in Nürnberg weilte und die Nachricht aus Venedig kam, dass ein gewisser Deutscher, bei dem es sich um Herdegen handeln könnte, als Sklave in Joppe wohnte, machte er sich bereit, dorthin aufzubrechen, um ihn sofort freizukaufen. Mein Großonkel, der im Angesicht des Todes eifrig danach strebte, durch gute Werke die Gnade des Himmels zu gewinnen, ließ ihn gehen und nahm auf meine Bitte hin meinen Knappen Akusch mit, soweit er noch Arabisch sprechen konnte, was war seine Muttersprache. Ebenso bat ich Kunz, es sich zur Aufgabe zu machen, den Jungen seinem Volk zurückzugeben, falls er sie finden sollte, obwohl wir bisher vergeblich nach ihnen gefragt hatten. Das hat er mir versprochen; Doch so oft dieser gute Junge sich danach gesehnt hatte, sein Heimatland noch einmal zu sehen, und so sehr er auch in unseren kalten Wintermonaten in Lobgesängen auf die heiße Sonne geredet hatte, fiel es dem guten Jungen schwer, von uns wegzugehen; und als er sich von mir verabschiedete, konnte er nicht umhin, mir zu versichern, dass er in seinem eigenen Land alles in seiner Macht Stehende tun würde, um den Bruder seiner geliebten Geliebten zu finden.

So reisten sie weiter in die Levante; und wieder einmal waren wir zu vergeblichen Hoffnungen verdammt. Kunz fand nicht den, den er suchte, sondern einen wilden Schweizer Soldaten, der in die Hände der Sarazenen gefallen war. Er löste ihn, da er ein Christ war, für eine kleine Geldsumme frei; und was Akusch betrifft, so ließ er ihn in Joppa zurück, während seine Leute Ägypter waren und er glaubte, dort eine Spur von ihnen gefunden zu haben.

Kunz begleitete ihn nicht dorthin, da in Alexandria alles getan worden war, um einen fränkischen Gefangenen aufzuspüren und freizukaufen. Dort war Akusch auch nicht untätig, und außerdem hatte das Schicksal ein weiteres Kind Nürnbergs an diesen Ort gebracht.

Ursula war durch besondere Gunst des großen Rates die Frau des Marchese Anselmo Giustiniani geworden und mit ihm nach Ägypten gekommen, wohin er von der Republik als Konsul geschickt wurde. Dort wohnte sie nun bei ihrem edlen Herrn, und in vielen Briefen an meinen Großonkel erklärte sie ihm herzlich, dass, soweit es ihr in den Sinn käme, alles getan werden sollte, um herauszufinden, wo der Liebhaber ihrer Jugend sein könnte. Ihr Mann war der mächtigste Franke im gesamten Herrschaftsbereich des Sultans, und es war ihr eine Freude zu sehen, mit welchem Eifer er sich auf die Suche nach dem verlorenen Jugendlichen machte. Herdegen hatte zwar ihre kindliche Liebe schlecht vergolten, doch sie wusste keine edlere Rache, als ihn ihr und ihrem Mann für die Freilassung und das Lösegeld zu danken. Diese Worte kamen zweifellos aus tiefstem Herzen; Sie wäre keine wahre Frau, wenn sie einem unglücklichen Mann nicht die Sünden einer glücklicheren Zeit vergeben könnte. Und vor allem war sie immer von unbesonnenem und gesetzlosem Geist und wahrhaftig, auch wenn Bescheidenheit und gute Manieren verachtet wurden, statt listig und glattzüngig.

Doch auch sie konnte den verschwundenen Wanderer nicht finden, und die Wochen und Monate wurden zu Jahren, in denen wir vergeblich warteten. Am zweiundzwanzigsten März, im zweiten zwölf Monat nach Herdegens Abreise, sollten die Schätze des Reiches gebracht werden, darunter ein Nagel vom Kreuz und die Spitze des Speeres, mit dem sie die Seite des Herrn durchbohrten in einer feierlichen Prozession in die Stadt ein, und ich ritt ihr mit vielen anderen entgegen. Sie wurden von Blindenberg an der Donau hierher gebracht, und der Kaiser sandte sie als Zeichen seiner Gnade, damit wir sie innerhalb unserer starken Mauern in Sicherheit bringen könnten. Sie waren so weit unter Verschluss gebracht worden, unter der Täuschung, dass der Wagen, in dem sie transportiert wurden, Weinfässer trug, und eine große Menschenmenge versammelte sich unter Jubelrufen, um diese kostbaren Dinge zu begrüßen. Gefangene wurden zu Ehren ihres Kommens freigelassen; Und ich für meinen Teil habe den Tag sehr wohl genossen, denn ich habe mein schwarzes Trauerkleid abgelegt und bin zum ersten Mal seit langer Zeit in einem bunten Festtagsgewand aufgebrochen.

Wenn es mir tatsächlich mit gutem Mut gelungen war, die bedrückende Last meines Kummers rechtzeitig abzuschütteln, dann verdankte ich das nicht zuletzt dem Wald – dorthin, wohin wir jetzt wie bisher zogen, um im Frühling zu verweilen und Herbstsaison – und zu seiner magischen Heilung. Wie oft habe ich unter seinen bekannten Bäumen geruht und schweigend auf die Vergangenheit zurückgeschaut. Und wenn ich an diese Tage zurückdenke, frage ich mich oft, ob die wirklich schönen Zeiten selbst oder die Stunden ruhigerer Freude in der Erinnerung tatsächlich die besseren waren.

Als ich im Wald saß und nachdachte und träumte, gab es für das Auge viel zu sehen und für das Ohr viel zu hören. Die Wolken flogen schweigend hinüber, und das sanfte Grün zu meinen Füßen und alles, was auf Bäumen und Sträuchern, im Gras und am Rande des Teichs wuchs, bildeten eine friedliche Welt, unschuldig schön und voller kostbarem Charme. Hier gab es nichts, was mich an die Aufregung der Menschheit erinnern konnte, mit ihrer Eile und ihrem Lärm und ihren Kämpfen und ihrem Verlangen, und das war eine Freude; auch die Waldgeräusche waren nicht zu hören. – Der Gesang der Vögel, das Summen von Käfern und Bienen, das Flüstern der Blätter und all das Rauschen und Rascheln des Waldes waren seine Muttersprache.

Doch nicht so! In Wahrheit gab es eine Menschenseele, an die ich beim Nachdenken und Träumen in diesen Wäldern immer gedacht habe und durch die ich zum ersten Mal die Freude am Lieben kennengelernt hatte, und das war der Jugendliche, dessen Heimat hier war und nach dessen Rückkehr sich meine Tante Tag und Nacht sehnte , dessen Lieblingslieder ich immer meinem Onkel vorsingen sollte, wenn er eines Abends die Ruder in seinen starken alten Händen nahm und uns auf dem Pool ruderte – er, der meinem Geliebten vielleicht schon vor langer Zeit gefolgt war und in einigen Fällen tot war fernes Land.

Ann, die immer fleißig war, hatte weniger Freude am müßigen Träumen; Sie würde jemals ein Buch oder eine Stickerei in der Hand tragen. Oder sie würde allein bei meiner Tante bleiben; Und während meine Tante sie jetzt für ihre trauernde Gefährtin hielt und mit ihr darüber reden konnte, wie schmerzlich es ist, an die Liebsten auf Erden zu denken, die so weit weg und halb verloren waren, kamen sie einander näher, und es herrschte bittere Trauer, als unsere Der Dienst führte uns noch einmal zurück in die Stadt. Auch zu Hause war Herdegen immer in Erinnerung, doch der Sonnenschein war so strahlend und die Gesichter der Kinder so lieb wie zuvor und wir konnten mit frischem Elan den Aufgaben der Stunde nachgehen.

Auch wenn die Trauer hin und wieder einen dunkleren Schatten auf Ann warf, so schien der Stern der Hoffnung für sie doch tröstlicher als für mich und Cousine Maud; und es kam nur selten vor, dass man merkte, dass sie Kummer hatte. Tatsächlich gab es neben ihren alltäglichen Pflichten und ihren Besorgungen innerhalb und außerhalb des Hauses noch viele andere Dinge, die ihr die Angst um ihren verlorenen Liebhaber nehmen konnten. Zuerst kam der Bruder ihres Stiefvaters, seine Eminenz Kardinal Bernhardi – denn zu dieser Würde hatte seine Heiligkeit den Bischof erhoben – von Rom nach Nürnberg, wo er im Haus seiner Väter logierte. Nun war dieser hohe Prälat ein Mann, wie ich ihn noch nie zuvor gesehen hatte, und sein schönes Gesicht, zwar bartlos, aber von männlicher brauner Farbe, mit seinen durchdringenden, großen Augen war meiner Meinung nach wie ein Zauberbuch, das die Macht hatte, zu fesseln andere, sogar gegen ihren Willen, alles zu zeigen, was an Gnade und guten Gaben in ihnen war. Doch war er weder ernst noch düster, sondern von fröhlicher Fröhlichkeit und bereit, seinen Scherz mit uns Jungfrauen zu treiben; nur in seinen Scherzen steckte immer die versteckte Absicht, zum Nachdenken anzuregen, und wann immer ich seine Firma verließ, dachte ich, ich hätte in meiner Seele etwas davon profitiert.

Er gewährte dem Magister ebenfalls die Ehre, ihn zu kennen; und während er die Nachricht von bestimmten griechischen Manuskripten überbrachte, die neu nach Italien gebracht worden waren, kam Meister Peter wie ein Weintrunkener nach Hause und konnte nicht umhin zu prahlen, wie geehrt worden sei, dass er unter Humanisten eine Rede mit solch einer Perle gehalten habe.

Mylord Cardinal war sehr erfreut, sein Zuhause noch einmal zu sehen; aber was ihm am meisten daran gefiel, war Ann. Ja, wenn es an ihm gelegen hätte, hätte er sie mit nach Rom genommen. Obwohl sie zu einem solchen Mann mit tiefem Respekt aufschauen und liebevoll auf seine Bitten hören wollte, würde sie dennoch nicht von der Pflicht zurückweichen, die sie auf sich genommen hatte, sich um ihre Brüder und Schwestern zu kümmern, und zwar vor allem um sie der taubstumme Junge. Und sie glaubte ebenfalls, dass sie als Wächterin auf seinem Posten war; In Nürnberg war alles geplant, um Herdegen aufzusuchen, und hierher mussten die ersten Nachrichten kommen, die man von ihm bekommen konnte. Auch die alte Großdame war mehr denn je mit ihr verbunden, und sobald Mylord Cardinal erkannte, dass es seiner alten Mutter großen Kummer bereiten würde, sie zu verlieren, verzichtete er auf seinen Wunsch.

Was mich betrifft, ich lebte ein recht glückliches Leben mit Cousine Maud; nie war ich ihrem Herzen näher gewesen. Solange sie glaubte, dass ihre Tröstungen mein Leid kaum lindern könnten, hatte sie mich mir selbst überlassen; und sobald ich Lust hatte, meine Hände wieder zu gebrauchen und ein Lied zu singen, während ich im Haus auf und ab ging, schien es mir, als erblühte ihre alte Liebe mit doppelter Kraft. Es schien mir, als könnte ich ihr nur meine Dankbarkeit zeigen, und mein Ohr und mein Herz waren jederzeit offen, wenn sie sich bewegt fühlte, von ihrem liebsten Herdegen zu sprechen und mir all die wunderbaren Abenteuer zu offenbaren, die er in ihrer Fantasie erlebt hatte. Und das geschah an den meisten Abenden, von der Stunde, in der wir uns auszogen, bis lange nachdem wir zur Ruhe gegangen waren; und ich wollte gern die Augen offen halten, während sie mir zum zwanzigsten Mal ihre weit hergeholten Visionen darlegte: dass die Mamelucken Ägyptens, die alle Sklaven waren und deren Sultan aus ihrer Mitte ausgewählt wurde, mit Gewissheit hatten setzte Herdegen auf den Thron, da er ihn für den Schönsten und Edelsten von allen hielt. Und vielleicht hätte er diese Ehre nicht verweigert, wenn er sie dadurch von ihrem Heidentum abbringen und aus ihnen gute Christen machen könnte. Nein, es fiel ihr auch nicht schwer, sich Ann als Sultanin in Seide und Edelsteinen vorzustellen. Und wenn ich dann einschlief, während ich diesen Fantasien zuhörte, die sie so gern bis ins kleinste Detail ausmalte, sah ich, dass ich von Türken und Heiden träumte; und von blutigen Schlachten zu Lande und zur See.

Kein Mensch darf seine Träume beim Fasten erzählen; aber sobald ich meinen ersten Bissen gegessen hatte, forderte sie mich auf, ihr alles bis in die kleinste Kleinigkeit zu erzählen, und suchte feierlich nach der Deutung jeder Vision.

KAPITEL VIII.

Mylord Kardinal hatte Nürnberg vor einiger Zeit verlassen, weil er von Seiner Heiligkeit dem Papst mit einer Mission beauftragt worden war, die ihn über Köln und Flandern nach England führte. Da es ihm nicht gestattet war, Ann selbst in seiner Gesellschaft zu haben, hegte er den Wunsch, ihr Ebenbild auf einem Bild zu besitzen; und er schickte zu diesem Zweck einen angesehenen Meister aus der Malergilde in Venedig hierher. Diesem guten Limner verdanken wir viele schöne Stunden. Sir Giacomo Bellini war ein junger Mann von ausgesprochen fröhlichem Witz, der viele italienische Lieder kannte und uns einen guten Zeitvertreib bereitete, während wir vor ihm saßen; denn ich musste ebenfalls schlank sein, da Cousine Maud es so wollte, und das Auge des Malers war überaus erfreut über mein gelbes Haar.

Obwohl er nie ein Wort Deutsch sprechen konnte, war es unsere Aufgabe, mit ihm auf Italienisch zu sprechen, und diese Übung war für mich nicht verkehrt. Auch hätte ich kaum einen besseren Meister als Giacomo Bellini haben können, der mich unterrichten konnte, der sich sofort daran machte, mein Herz zu gewinnen und mir den Kopf zu verdrehen; nein, und er hätte es vielleicht getan, wenn er nicht von Anfang an gestanden hätte, dass er in Venedig eine schöne junge Frau hatte, obwohl er sich bereits nach einer neuen Liebe sehnte.

So lernte ich durch ihn erneut, wie eine sanfte Berührung nötig ist, um den wahren Glauben eines Menschen zu zerstören; und wenn ich an Herdegen und Ann und an diesen Giacomo – der dennoch ein anständiger und anmutiger Mann war – und seine junge Frau dachte, kam es mir so vor, als müsse die Frau, die die Liebe einer hochbegabten Seele gewinnen könnte, oft dafür bezahlen diese große Freude mit viel Schwere und Kummer.

Dennoch erinnere ich mich in wahrer Liebe an den fröhlichen Geist und die vielfältige Sportlichkeit, die unsere Gemeinschaft mit dem italienischen Limner kennzeichneten; und nachdem ich ihm einmal klar und deutlich zu verstehen gegeben hattc, dass das Herz eines Nürnberger Mädchens kein leichtes Ding oder Spielzeug sei und ihre Lippen ein Heiligtum, das ihr Mann eines Tages als rein empfinden sollte, ging es zwischen uns gut.

Das Bild von Ann, das erste, das er malte, zeigte sie als heilige Cäcelia, die der Musik lauschte, die vom Himmel in ihren Ohren ertönt. Zwei süße Engelsbabys schwebten auf dünnen Wolken über ihrem Kopf und sangen Hymnen zu Mandoline und Gambe. Das hatte mein Herr Kardinal befohlen, und das Werk war so ausgezeichnet, dass es in ihren Augen mit Sicherheit angenehm war, wenn sich die Heilige selbst dazu herabließ, vom Himmel herabzublicken.

Was meine eigene Präsentation betrifft; Zuerst befürchtete ich, dass ich in meinem pfirsichfarbenen Brokatkleid mit silbernen Delfinen darauf gekleidet sein würde, weil ich dieses Unkraut am frühen Morgen nach dem Tanz getragen hatte, als Hans an der Tür unseres Hauses seinen letzten liebevollen Abschied sagte . Aber während ich eines kalten Tages mit einer roten Kapuze und einem grünen, mit Zobelfell besetzten Umhang in Meister Giacomos Arbeitszimmer ging, malte er mich von nun an in keiner anderen Gestalt. Zunächst wollte er mich gerne als einen Kirchenbesucher darstellen; Dann kam er zu dem Schluss, dass er vielleicht mein ganzes Aussehen und Aussehen nicht zeigen würde, wenn ich mit gesenktem Kopf und gesenkten Augen dastehen würde. Dafür gab er mir den Falken auf meiner Hand, der einst das Geschenk meines Geliebten gewesen war. Mein Blick war auf die Ferne gerichtet, als ob ich nach einem Reiher Ausschau halten würde; So kam ich mir in Wahrheit wie eine Jägerin vor – „keusche Diana", sagte der Maler und erinnerte ihn an die Vorwürfe, die ich ihm so oft gemacht hatte. Aber es wäre schwierig, alle Arten aufzuzählen, mit denen der Maler mich provozieren würde, ihn zu tadeln. Als das Bild nur zur Hälfte fertig war, malte er sein eigenes fröhliches Gesicht auf den Falken an meinem Handgelenk, der mit alberner Mattigkeit zu mir aufblickte. Als er uns daraufhin verließ, nahm ich die rote Kreide und schrieb den Namen seiner Frau an eine freie Stelle vor dem Gesicht und darunter das Bild einer Birkenrute; und am nächsten Morgen brachte er ein recht angenehmes Sonett mit, das ich kaum verziehen hätte, wenn er es nicht so demütig angeboten und mit so süßer Stimme vorgelesen hätte. Und im Klartext lautete es wie folgt:

„Auf dem Olymp, wo die Götter wohnen,
die mit Allmacht die Erde und den Himmel regieren werden, siehe! Ich
sehe den Anführer von allen, Jupiter, auf seinem Thron mit Juno an seiner
Seite. Ein edles Ehepaar. In der ganzen Welt kann das Auge blicken
vergeblich suchen und finden ihresgleichen. Die Nationen drängen sich zu
seinem Heiligtum, und Könige warfen verstummt ihre goldenen Kronen
nieder.

„Aber selbst diese sind nicht für immer eins.
Der Gott flieht vor der Göttin. – Und ein Schwan verführt jetzt, der Sklave
von Ledas Reizen.

„So sehe ich die Strahlen deines hellen Auges
und verabschiede mich von meinem Zuhause. Ich, unglücklicher Wight,
fliege wie der Gott, schöne Jungfrau, um dich anzubeten!"

Obwohl ich zuließ, dass er diese Zeilen bis zum Ende aufsagte, wandte ich mich mit einem Gesichtsausdruck großen Zorns von ihm ab und riss das Papier, auf dem sie standen, in zwei Hälften, die ich hinter den Ofen warf. Ich legte meine wütende und beleidigte Miene auch nicht ab, bis er mich zu

Recht demütig um Verzeihung gebeten hatte. Doch als ich es gewährt hatte und er sofort das Zimmer verließ, sammelte ich, ich gestehe es, das zerrissene Papier ein und steckte es in meine Gürteltasche. Nein, mir scheint, dass ich die Absicht hatte, es nur in zwei Teile zu teilen, um es besser wieder zusammenzufügen. So liegt es bis heute in meiner Brust, zusammen mit anderen Relikten der Vergangenheit; Dennoch glaube ich wirklich, dass ein anderes Sonett, das Sir Giacomo am nächsten Tag auf seiner Staffelei fand, von ihm nicht so geschätzt wurde. Es war also:

„Es gab einen Hans, und er wollte,
wie der olympische Jupiter, die magischen Künste der Hexerei an einer beliebten Magd ausprobieren. Das Abenteuer war kühn, aber der Preis, wie süß! ‚Leb wohl, gute Frau', sagte er, „Oder sobald die Morgendämmerung anbricht, muss ich mich auf den Weg machen. Wie Jupiter werde ich gesegnet und gesegnet sein Mit Liebe und im Bild eines Schwans."

„Der Zauberspruch hat ihn verändert. Mit einem Kranz
um seinen Kopf glaubt er, dass ihm nichts von dem fehlt, was die Seele einer Jungfrau am besten betören kann."

„So fliegt die unglückliche Leda zur schönen Leda. –
Mit ausgelassener Heiterkeit erblickt die Dame den Vogel. ‚Eine richtig feine Gans! Du wirst einen guten Braten machen.'"

Allerdings würde Giacomo diesen Vers nicht ohne Antwort stehen lassen; Und wenn Sie sich das Bild genau ansehen, können Sie bis heute tief im Schatten zwischen den Sträuchern im hinteren Teil des Bildes einen Gänsekopf erkennen, der aber deutlich zu erkennen ist.

Trotz vieler solcher kleiner Streitigkeiten mochten wir uns gut, und ich möchte hier erwähnen, dass ihm im folgenden Jahr, dem Jahr unseres Herrn 1426, ein kleiner Sohn geboren wurde, der inzwischen erwachsen war ein wirklich berühmter Maler zu sein, bekannt als Giambellini – das heißt Giovanni, oder Hans, Bellini, ich, Margery Schopper, stand als sein Sponsor am Taufbecken. Ja, und ich war immer ein wahrer Göttervater für ihn, und dieser Maler würde sich in der Tat bei meinen Verwandten und Verwandten bedanken, als ihm ein bestimmtes Amt im Fondaco in Venedig übertragen wurde, das ihm bis heute einige Hundert Dukaten pro Jahr wert ist.

Damit waren die Porträts zu Ende, und wenn ich meine eigenen mit einem so fröhlichen und doch so sehnsüchtigen Blick aus dem breiten Rahmen betrachten sehe, kommt es mir vor, als hätte Giacomo das Buch meiner Seele gelesen und genau gewusst, wie er das, was er darin sah, darstellen musste ; Zu dieser Zeit war ich in Wahrheit ein glückliches junges Geschöpf, und der Schmerz und die Sehnsucht, die mich hin und wieder überkamen, teils nach dem, der gegangen war, und teils, wo ich mir nichts wünschte, waren nur der

Schatten, der für immer bleiben musste fallen, wo Licht ist. Und wahrlich, ich hatte allen Grund, dankbar und guten Mutes zu sein; Ich war gesundheitlich so gesund wie eine Forelle im Bach und hatte gute Chancen, die bescheidenen Gaben und Kräfte, mit denen ich gesegnet war, optimal zu nutzen.

Was Herdegen betrifft, so war es für uns kein geringer Trost, zu erfahren, dass Mylord Kardinal Bernhardi die Angelegenheit in die Hand genommen und alle Priester und Mönche in der Levante gebeten hatte, Nachforschungen anzustellen, um Neuigkeiten über ihn zu erfahren.

Der gute Prälat sollte neun Monate lang ins Ausland reisen, und während nun fünf Monate vergangen waren, freuten wir uns in der Hoffnung auf seine Heimkehr; aber es gab jemanden in Nürnberg, der noch eifriger danach suchte als wir, und das war mein Großonkel Im Hoff. Der alte Ritter hatte uns, wie gesagt, als unser Vormund dankbare Dienste geleistet; Dennoch war er mir nie lieb gewesen, und ich konnte nur mit stillem Zorn an ihn denken. Allerdings befand er sich jetzt in einer so traurigen und grausamen Lage, dass ein Herz aus Stein geschmolzen sein musste, als er ihn sah. So führte mich Mitleid zu ihm, obwohl es eine Buße war, in seiner Gegenwart zu bleiben. Der alte Baron – denn dieses Titels konnte er sich ebenfalls rühmen, da er eine große Summe in die Schatzkammer des Kaisers gesteckt hatte –, dieser alte Mann, der einst nur eine falsche und böse Reue vorgetäuscht hatte – wie er wollte An bestimmten Feiertagen werden die Füße von Bettlern gewaschen, die zuvor mit Sorgfalt gereinigt worden waren, nun aber krank waren und die Angst vor dem Tod in schrecklicher Ernsthaftigkeit lag, und die aus ehrlicher Absicht gern durch fromme Übungen die Tore des Himmels öffnen würden. Auf Geheiß des Meisters Ulsenius, des Blutegels, musste er den Sarg, in dem er zu schlafen pflegte, gegen ein gemeinsames Bettgestell aus Holz eintauschen; doch selbst hier konnte er keine Ruhe finden und verbrachte seine schlaflosen Nächte gern in seinem Sessel, während er seine schmerzenden Füße in einer Wiege ausruhte, die er mit seiner gewohnten eitlen Pracht in Form und Farbe anfertigen ließ eine Perlmuttmuschel. Aber seine Nächte im Sarg und der Spott über den Tod wandten sich gegen ihn; er war immer blass gewesen, und jetzt trug er das Gesicht einer Leiche. Das Blut schien in seinen Adern gefroren zu sein, und ihm war die ganze Zeit so kalt, dass der große Ofen und die große Feuerstelle vor ihm Tag und Nacht mit mächtigen Holzscheiten gespeist wurden.

In dieser schrecklichen Hitze stand mir der Schweiß auf der Stirn, sobald ich die Schwelle überschritt, und wenn ich in der Kammer verweilte, fehlte mir bald der Atem. Die Rede des Kranken war kaum zu hören, und zu allem, was Meister Ulsenius uns über den Sitz seines Kranken erzählte und wie dieser ihn zu Tode nagte, würde ich gerne schweigen. Anstelle des Fastenspotts der Fußwaschung würde er nun die härteste Buße vollziehen, und es gab kaum einen Heiligen im Kalender, dem er nicht Geschenke gemacht hätte oder der jemals gestorben wäre.

Ein Dominikanermönch war immer in seiner Kammer, betete für ihn den Rosenkranz und leistete ihm andere gespenstische Dienste, besonders in der Nachtzeit, wenn er von schrecklicher Unruhe heimgesucht wurde. Nichts beruhigte ihn so sehr wie die Anwesenheit einer Frau in seinem Bewusstsein. Aber von all denen, denen er an vielen Weihnachtsabenden edle Geschenke gemacht hatte, kamen nur wenige ein zweites Mal, nachdem sie einmal in diesem Ofen gewesen waren; oder wenn sie es täten, wäre es nichts weiter, als sofort zu kommen und zu gehen. Cousine Maud konnte es ertragen, am längsten bei ihm zu bleiben; allerdings brauchte sie danach so manches Glas starkes Wasser, um ihr Herz zu stärken.

Was mich betrifft, so verbot sie mir jedes Mal, wenn ich mit blassen Wangen von der Wohnung meines Großonkels nach Hause kam, jemals mehr seine Schwelle zu überschreiten; aber als mir sein Gebot vorgetragen wurde, wurde sie ebenfalls zu Mitleid bewegt und erlaubte mir, zu gehorchen.

Wäre ich jedoch nicht mehr als gewöhnlich stark gewesen, hätte mir, den Heiligen sei Dank, das lange Zusammensitzen mit dem Kranken mit Sicherheit Schaden zugefügt, denn Körper und Seele hatten viel zu ertragen. Mir kam es so vor, als hätte der Schmerz die Zunge dieses bis dahin wortlosen alten Mannes gelockert, und obwohl er immer seinen Kopf über alle Menschen erhoben hatte, würde er sich jetzt vor den Demütigsten erniedrigen. Er würde jeden Mann und jede Frau, die blieben, zurückhalten, um von all seinen Leiden zu erzählen und von dem, was er geistig und körperlich ertragen musste. Sein Beichtvater hatte ihm zwar verboten, über das Böse zu klagen, mit dem der Himmel ihn bestraft hatte, aber niemand konnte ihn daran hindern, das Böse zu beklagen, das er in seiner Sündhaftigkeit und Eitelkeit begangen hatte. Und seine Selbstanklagen waren so vielfältig und furchteinflößend, dass ich seiner Erklärung, dass alles, was er jemals Gutes gedacht oder getan hatte, sozusagen begraben war, kaum glauben konnte; und dass nichts als das Übel, das er erlitten und begangen hatte, übrig blieb und immer noch Macht über ihn hatte. Der Todesstoß, den er unwissentlich und in rücksichtsloser Leidenschaft erlitten hatte, stand Tag und Nacht als verfluchte und blutige Tat vor seiner Seele; und jeden Augenblick verbittert über die Untreue seiner Frau, bis zur letzten Stunde, als sie ihn auf ihrem Sterbebett verfluchte, lebte er noch einmal durch, Nacht für Nacht. Daraufhin verschränkte er seine dünnen Hände, durch die man das Licht sehen konnte, über seinem tränenüberströmten Gesicht und blieb nicht still oder besser gelaunt, bis ich meinen eigenen großen Kummer um ihn nicht länger verbergen konnte.

Doch nachdem ich die gleiche Geschichte immer wieder gehört hatte, berührte sie mich nicht mehr so tief; so dass es mich am Ende statt so tiefem Mitleid nur in trübe Trübsinnigkeit und, wie ich gestehen muss, in unsägliche Müdigkeit versetzte. Die Tränen stiegen mir nicht in die Augen, und mein Kopftuch diente nur dazu, mein Gähnen und meine Vinaigrette zu verbergen. So kam es, dass der alte Büßer keine Freude an meiner Gesellschaft hatte, und es konnten schließlich Wochen vergehen, in denen er mich nicht in seine Gegenwart bat.

Als nun die Bilder zu Ende waren und er hörte, dass es sich dabei um sehr gute Ähnlichkeiten handelte, und man ihm außerdem mitteilte, dass mein Herr Kardinal beabsichtigte, in Kürze nach Hause zu kommen, geriet er in einen seltsamen Aufruhr und wollte beide Bilder betrachten ich und von Ann. Darüber wunderte ich mich nicht: Er hatte längst gelernt, mit aller Güte an die Stieftochter von Ratsmitglied Pernbart zu denken; nein, er hatte von mir verlangt, dass ich sie anflehe, einem sterbenden alten Mann zu vergeben. Wir waren bereit, seinen Willen zu tun, und die Pernharts nicht weniger; An einem bestimmten Mittwoch wurden die Bilder zu ihm nach Hause gebracht, und am nächsten Morgen, dem Donnerstag, würde ich hingehen und sehen, ob er zufrieden sei. Und siehe, mein Ebenbild stand in einer Ecke, wo er es kaum sehen konnte; aber das von Ann stand ihm von Angesicht zu Angesicht gegenüber, und als ich den Raum betrat, waren seine Augen darauf gerichtet, als wären sie von der Vision eines Heiligen vom Himmel entzückt. Und er war so in Gedanken versunken, dass er nicht wegsah, bis der Dominikanerbruder mit ihm sprach.

Daraufhin begrüßte er mich eilig und fragte mich weiter, ob es mir recht sei, dass er ein treuer und dankbarer Vormund gewesen sei. Und als ich mit „Ja" antwortete, flüsterte er mir mit einem Seitenblick auf den Mönch zu, dass mein Herr Kardinal mit Sicherheit Ann hochhalten müsse, wenn er einen so berühmten Meister nach Nürnberg bringen würde, damit er ihr Bild besitzen könne. Da ich nun noch nicht wusste, zu welchem Zweck er mich mit diesen Fragen zu täuschen suchte, bestätigte ich seine Worte mit aller Klugheit; und dann warf er noch einmal einen Blick auf den Mönch und flüsterte mir hastig ins Ohr, und zwar so leise, dass ich ihn kaum hören konnte:

„Dieser Kerl trinkt heimlich meinen ganzen alten Zypernwein und Malvoisie. Und die anderen Priester, die Plebianer hier – kennen Sie ihre weltlichen und niedrigen Seelen? Sie nehmen kein Kreuz auf sich, noch töten sie das Fleisch durch heiliges Fasten, sondern schätzen und Füttere es, wie es die verlorenen Heiden tun. Sind sie heilige Männer, die in die Fußstapfen des gekreuzigten Herrn treten? Alles, was sie zu mir bringt, ist die Sorge um meine Opfergaben und Gaben. Ich kenne sie, ich kenne sie alle, sie alle Hier in Nürnberg. So wie die Stadt ist, so sind auch ihre Pfarrer! Wer von allen demütigt sich? Gibt es hier ein hohes Gericht? Um den Segen eines wahrhaft herrschaftlichen

Prälaten zu gewinnen, muss ein Mann nach Bamberg oder nach Würzburg reisen. Was nützen solche rötlichen Mönche mit der Heiligen Jungfrau und den Heiligen? Fleischmann, Hellfeld, ja der Dominikanerprior selbst – was sind sie? Nun, auf dem Reichstag gingen sie dem Bischof von Chiemsee und Eichstadt nach. In den Angelegenheiten von die Stadt – ihre Rechte, Bündnisse und Geschäfte – sie hatten tatsächlich eine Hand; nichts liegt ihnen – insbesondere Fleischmann – so am Herzen wie die Politik, und sie sind überglücklich, wenn sie nicht auf irgendeine Botschaft geschickt werden könnten. Ja, und sie haben mir als Kaufmann einige Dienste erwiesen, wann immer ich das sichere Geleit von Fürsten und Rittern wünschte; aber was die Aufgabe anbelangt, sie mit der sicheren Führung meiner Seele, dem Wohl oder Wehe meines unsterblichen Geistes zu betrauen! – Nein, nein, niemals! Ja, Margery, denn ich war eine große Sünderin. Es bedarf größerer Macht und mächtigerer Vermittlung, um mich zu retten und zu befreien, und siehe, meine Margery, es scheint mir – höre mich, Margery – es scheint mir, eine besondere Entscheidung des Himmels hat gesandt ..." Wann wird Seine Eminenz Kardinal Bernhardi aus England zurückkehren?"

Da sah ich deutlich, was im Wind war. Ich antwortete ihm, dass Seine Eminenz beabsichtige, in drei oder vier Monaten hierher zurückzukehren; er seufzte tief: „Nicht so lange – drei Monate, sagen Sie?"

„Oder länger", sagte ich hastig; aber er vergaß den Mönch und schrie, als wüsste er es besser als ich: „Nein, nein, in drei Monaten. Das hast du gesagt."

Dann sprach er wieder leise und fuhr in zuversichtlichem Ton fort: „Solange ich mit der Hilfe der Heiligen durchhalten kann, wenn ich ... Ja, denn ich habe noch genug übrig, um eine große Stiftung zu machen. Mein Besitz." , Margery, das Anwesen, das mir gehört – Niemand kann erraten, was ein gut geführtes Handelshaus in einem halben Jahrhundert verdienen kann. – Ja, ich sage dir, Margery, ich kann durchhalten und warten. Zwei oder höchstens drei Monate; sie werden bald verschwinden. Je älter wir werden und je langweiliger das Leben ist, desto schneller vergehen die Tage."

Und wahrlich, ich brachte es nicht übers Herz, ihm zu sagen, dass er vielleicht noch viel mehr Geduld brauchen würde, und obwohl ich bemerkte, wie schwer es ihm fiel, das auszusprechen, was ihm auf dem Herzen lag, gab ich ihm so viel Hilfe, wie ich konnte; und dann gestand er freimütig, dass sein größter Wunsch auf Erden darin bestand, die Absolution und das Viaticum aus den Händen des Kardinals zu erhalten. Mir kam es so vor, als glaubte er, dass die Gebete Seiner Eminenz ihm im Himmel mehr nützen würden als die unserer einfachen Priester, die noch nicht einmal einen Bischofsmantel erlangt hatten; So wie das gute Wort eines Kurfürsten beim Kaiser schneller Gehör findet als die Bitte eines Stadtrates. Ebenso besänftigte es zweifellos seinen Stolz, dass er dieser Welt unter der guten Führung eines Prälaten im

Purpur den Rücken kehren könnte. Daraufhin versprach ich, dass Ann seinen Fall dem Kardinal zur Kenntnis bringen würde, und dann gab er mir zu verstehen, dass es sein Wunsch sei, dass Ann zu ihm käme, da ihr Vorbringen ihm nur mehr Trost als das stärkste gebracht habe der Zaubertränke von Meister Ulsenius. Er konnte nicht glücklich sein, ohne ihre Vergebung und ohne ihren Segen durch Hand und Wort zu sterben.

Und er zeigte auf mein Bildnis und sagte, dass es zwar gut gemacht sei, er es aber nicht mehr ertragen könne, es zu sehen; dass es so voller Gesundheit und Hoffnung aussah, dass es ihm schien, als würde es sein Elend verspotten, und er bat mich dringend, Ann sofort zu ihm zu schicken; Die Heiligen würden ihr für jede Stunde, die sie ihr Kommen verzögerte, eine besondere Gnade gewähren.

Daraufhin reiste ich ab; Ann war bereit, dem Sterbenden zu gehorchen, und als ich sie nun in seine Gegenwart begleitete, blickte er sie an, wie er es auf ihr Porträt getan hatte, als wäre er von ihrer Person und ihren Manieren verzaubert; und wenn sie länger als ein oder zwei Tage abwesend war, forderte er sie auf, mit Gebeten und Bitten zu ihm zu kommen. Und er fand Mittel, ihr Herz zu berühren, so wie er meins hatte; Doch während ich seiner Klage bald überdrüssig wurde, ließ Anns Mitgefühl nicht nach; Anstatt zu gähnen und hilflos zu sein, ihn zu trösten, lenkte sie seine Gedanken mit großer Geschicklichkeit von sich selbst und seinen Leiden ab.

Dann sprachen sie oft über Herdegen und darüber, wie man irgendeine Spur von ihm finden könnte, und während der alte Mann früher solche Angelegenheiten anderen Leuten überlassen hatte, zeigte er jetzt eine recht weise und scharfsinnige Erfahrung darin, die richtigen Wege und Ratschläge zu finden bedeutet. Bisher hatte er auf Ursulas gute Worte vertraut und uns das gleiche Vertrauen anvertraut; Jetzt jedoch erinnerte er sich plötzlich daran, wie schlecht sie meinem verlorenen Bruder gegenüber gewesen war, und während es die Jahreszeit war, in der die Handelsflotte von Venedig aus nach Alexandria im Land Ägypten aufbrechen sollte, schickte er los Er sandte einen Boten an Kunz und befahl ihm, selbst das Schiff zu besteigen und dorthin zu gehen, um seinen Bruder zu suchen. Dies erfüllte Ann und mich gleichermaßen mit neuer Hoffnung und wahrer Dankbarkeit. Doch in Wahrheit hatte mein Großonkel Ann viel zu verdanken; Ihre bloße Anwesenheit war wie Tau auf seinem verdorrten Herzen, und die Hoffnung, die sie in ihm am Leben hielt, dass ihr Onkel, mein Herr Kardinal, bald nach Hause kommen und seine Wünsche gerne erfüllen würde, gab ihm Kraft und Willen zum Weiterleben und behielt ihn der schwache Funke des brennenden Lebens.

KAPITEL IX.

Der Monat Oktober war gekommen; Der Wald forderte uns erneut, und tatsächlich wurde ich zu dieser Jahreszeit in der Waldhütte gebraucht. Ann hatte ebenfalls eine dringende Ausschreibung erhalten; Doch obwohl ihr das lange Sitzen in der heißen Kammer meines Großonkels viele Kopfschmerzen bereitet hatte, hatte sie es zu einer ihrer Pflichten gemacht, ihn zu betreuen, und nichts konnte sie dazu bewegen, untreu zu sein.

Darüber hinaus war uns bekannt, dass die weitaus größere Hälfte der venezianischen Galeonen zwischen dem 8. und 25. des vergangenen Monats vom Lido abgefahren war und Mitte Oktober oder Anfang November wieder zu Hause sein sollte. Eine viel kleinere Flotte lief Ende des Jahres von Venedig aus aus und ankerte dort erneut, beladen mit Gewürzen, im März oder spätestens im April. Daher war jetzt die Zeit gekommen, in der wir höchstwahrscheinlich nach Nachrichten aus der Levante suchen konnten, und Ann würde nicht aus dem Weg gehen, falls eine solche nach Nürnberg kommen sollte.

Ich ritt am Tag des Heiligen Dionysius, dem 9. Oktober, allein mit Cousine Maud aus; andere Gäste folgten uns nicht lange, darunter meine Schwager und das junge Paar Löffelholz; Elsa Ebner hat vor einigen Monaten den jungen Jörg Löffelholz geheiratet.

Onkel Christian würde später kommen und, wenn sie einverstanden wäre, Ann mitbringen, denn er sei verpflichtet, seinem „Wächterchen" etwas frische Luft zu gönnen. Außerdem war er ein großer Freund im Haus der Pernharts, und man kann sich kaum etwas Fröhlicheres und Angenehmeres vorstellen als seine Gespräche mit der alten Dame.

Noch nie war das geliebte Zuhause im Wald einem Taubenschlag ähnlicher gewesen. Jeder Tag brachte uns neue Gäste, viele davon aus der Stadt; Dennoch hatte man noch keine Nachricht von den venezianischen Schiffen oder von unserem Kunz, der mit ihnen nach Hause kommen sollte. Und bei diesem Anblick zitterte mein Herz vor Angst, trotz des Jagdsports und so manchen fröhlichen Abendessens; und Tante Jacoba ging es nicht besser. Die Wochen vergingen wie im Flug, die roten und gelben Blätter begannen zu fallen, die scharlachroten Beeren der Eberesche waren welk, und der weiße Reif der Nächte fiel auf die Wiesen und Moore.

Eines Tages war ich mit meinem Onkel Conrad zur Falkenjagd ausgeritten, und als wir in der Dämmerung nach Hause kamen, konnte ich der Beute der Herren ein paar Vögel hinzufügen. Alle damals anwesenden Gäste standen im Hof und unterhielten sich, viele beklagten sich oder prahlten mit der Bosheit oder Gunst des Heiligen Hubert an diesem Tag, als die Hunde, die nach dem Wild schnüffelten, plötzlich ihre Stimmen erhoben und das Tor öffnete - Das Horn des Wärters erklang fröhlich, als wolle er einen willkommenen Gast ankündigen.

Das Gesicht der Haushälterin war am Fenster von Tante Jacoba zu sehen, und sobald die Nachricht kam, wer da war, brachten die Peitschen des Hundehalters die Hunde hastig zum Schweigen und trieben sie in den Zwinger. Die Diener trugen das Wild weg, und als der Hof bald geräumt war, siehe, da kam eine seltsame Prozession herein.

Zuerst ein langer Wagen, der von einer so hohen Schräge bedeckt war, wie ich fand, dass es mir schien, als wären manche Stadttore zu niedrig, um sie passieren zu lassen; und es wurde von vier recht kleinen Pferdchen gezogen, mit dunklem, verfilztem Fell und hellen, eigensinnigen Augen. Dahinter liefen ein paar Hunde ausgewählter Rasse. Aus dem Inneren der Vorhänge erklang ein scharfes, schrilles Schreien, wie es bei vielen bunten Papageien der Fall ist.

Vor diesem Wagen ritten zwei Männer von unterschiedlicher Statur und Miene, und ein rüpelhafter Bursche führte die Pferde. Nun, wir kannten das alle ganz genau. Bisher, zu Lebzeiten des alten Lorenz Waldstromer, des Vaters meines Onkels Conrad, war es üblich, ein- oder zweimal im Jahr hierher zu kommen, und wurde stets willkommen geheißen; Wenn es im Monat August eintreffen sollte, war es zu dieser Jahreszeit mit edlen Falken gefüllt, die in Venedig an Bord von Schiffen gebracht werden sollten, da der Sultan von Ägypten und seine Emir sie so gern kauften, dass sie sie hergeben wollten bis zu hundertfünfzig Zechinen für das Schönste und Beste.

Der alte Jordan Kubbeling aus Braunschweig, der Vater des Mannes, der jetzt hierher gekommen war, pflegte die Vögel durch Händler nach Alexandria zu schicken, um sie dort für ihn zu verkaufen; aber sein Sohn Seyfried, der bis heute der junge Kubbeling genannt wurde, obwohl er fast sechzig war, trug seine gefiederten Waren selbst dorthin. Wahrlich, es war ihm nicht gestattet, andere Waren im Land zu verkaufen, da die Republik den Geschäften deutscher Händler enge Grenzen setzte. Wenn so jemand etwas aus der Levante haben möchte, kann er es nur über die Kaufmannshalle oder den Fondaco in Venedig bekommen; und noch viel weniger ist es einem Deutschen gestattet, seine Waren, welcher Art auch immer, aus Venedig in den Osten zu transportieren, da jeder deutsche Händler verpflichtet ist, durch die Hand des Syndikats alles zu verkaufen, was sein Heimatland in Venedig produzieren oder herstellen kann selbst. Und auf keine andere Weise darf ein Deutscher in irgendwelchen Angelegenheiten, ob groß oder klein, mit den venezianischen Händlern Handel treiben; und das alles geschieht, damit die Republik nichts von den hohen Steuern verliert, die sie auf alles erhebt.

Was Seyfried Kubbeling betrifft, so hatte ihm der große Rat aus besonderer Gnade und in der Erwägung, dass niemand außer ihm seine Vögel in gutem Zustand über die Meere tragen konnte, gestattet, mit ihnen in das Land Ägypten zu gehen. Viele, viele Jahre lang hatten die Kubbelings Falken zu den Waldstromers gebracht, und wann immer mein Onkel einen solchen Vogel brauchte, oder wenn er einen für unseren Lord Constable und Kurfürsten, den Herzog von Bayern, oder einen anderen großen weltlichen oder geistlichen Menschen bereitstellen musste Prinz, es war von Seyfried – oder dem jungen Kubbeling – zu bekommen. Natürlich wusste niemand besser, wo er einen schönen Vogel auswählen sollte, und während er zwischen Braunschweig, Italien und der Levante reiste, reisten seine Söhne und Brüder bis nach Dänemark und von dort nach Island im gefrorenen Meer, wo die königliche Falkenrassen. Doch gibt es auch im Harz, in der Nähe ihrer Heimat, recht edle Arten?

Der Mann, der immer Kubbelings Gefährte gewesen war und ihn jetzt in die Levante und einstmals in den hohen Norden begleitete, war Uhlwurm, der, obwohl er der Diener des alten Jordan gewesen war, von Seyfried als seinesgleichen angesehen wurde; und wer den einen zu seinem Gast machen möchte, muss bereit sein, den anderen mit in den Handel zu nehmen. Dies wurde in der Waldhütte immer gerne getan; Uhlwurm war ein Mann der wenigen Worte, und die Jägerjungen und Zwinger hielten ihn für einen weisen Mann, der mehr wusste als nur, auf welcher Seite sein Brot gebuttert war. Auf jeden Fall war er darin geschult, alle kranken Geschöpfe, insbesondere Falken, Pferde und Hunde, durch geflüsterte Zaubersprüche, den Atem seines Mundes, Zaubertränke und Elektruarien zu heilen; und ich habe selbst gesehen, wie er mit einer wütenden alten Wölfin umging, die in einer Falle gefangen war, so dass kein Mann wagte, sich ihr zu nähern, als wäre es ein zahmer kleiner Hund. Er war anderthalb Köpfe größer als sein Herr und trug immer eine Kapuze, auf der der Kopf einer Eule mit Schnabel und Ohren saß. Wahrlich, die ganze Anwesenheit des Mannes erinnerte mich an diesen Nachtvogel; und wenn ich an seinen Meister Seyfried oder den jungen Kubbeling denke, erinnere ich mich oft daran, dass er immer drei Wildkatzenfelle zu tragen pflegte, die er auf seine Brust und auf jedes Bein legte, als Heilmittel gegen seine Schmerzen. Und der Falkenverkäufer, der stämmig und breitschultrig war, glich in seiner ungepflegten Struppigkeit in Wahrheit einer Wildkatze nicht unähnlich, wenn auch frei von aller List und Arglist. Seine ganze Miene, in seiner gelben Lederjacke mit grünen Schnitten, seinen hohen Stiefeln und seinem schlecht rasierten, mit kurzen, grauen Borsten bedeckten Gesicht, glich dem eines Waldarbeiters, der dem Menschen in der Wildnis des Waldes fremd geworden ist; Allerdings wussten wir aus vielen Gesprächen, dass er ehrlich und mitleidig war und harte Dinge ertragen würde, um den wenigen, die er wirklich liebte, nützlich und treu zu sein.

Alle Kreaturen, die er mitbrachte, standen zum Verkauf; sogar die Islandponys, die er nur selten wieder nach Hause führte, weil sie in den Burgen, in denen er Unterschlupf fand, bei den Junkern und hochgestellten Jungfrauen in großer Gunst standen; und mein Onkel glaubte, dass seine Gewinne und Ersparnisse keine Kleinigkeit sein müssten.

Kaum hatten Kubbeling und sein Kamerad den Hof betreten, als die Hausfrau noch einmal am Fenster meiner Tante erschien und ihn aufforderte, sogleich zu ihrer Geliebten heraufzukommen. Doch der Braunschweiger antwortete nur grob und knapp: „Zuerst diejenigen, die meine Hilfe brauchen." Und er erzählte so von einem Verwundeten, den er bis zum Tode am Straßenrand aufgehoben hatte. Während er mit Uhlwurms Hilfe den Jüngling vorsichtig aus der Kippe hob, warf ihm mein Onkel, der schon lange auf seine Ankunft gehofft hatte, einen fragenden Blick zu. Der andere verstand es und schüttelte traurig den Kopf, um ihm mit „Nein" zu antworten. Und dann beschäftigte er sich mit dem angeschlagenen Mann, während er zu meinem Onkel knurrte: „Ich bin über den Teich nach Alexandria gegangen, aber von deinem Mann – du weißt schon, wer – nicht." weder eine Klaue noch eine Feder. Was die Schopper-Brüder hingegen betrifft ... Aber versuchen wir zunächst, zwischen diesem armen Kerl und dem Grab zu gelangen. Warte, Uhlwurm!" Und er war dabei, den kranken Mann in die Tür zu heben. Ich ging jedoch zu dem Braunschweiger, der mich in seiner rauen Art immer gut gemocht hatte, und obwohl es mir schien, als hätte er meine Brüder gesehen, bat ich ihn liebevoll, mir Nachricht von ihnen zu geben; aber er zeigte nur auf den hilflosen Mann und sagte, dass ich die Botschaft, die er zu überbringen habe, nur zu früh hören würde; und das fand ich so abschreckend und so düster, dass ich mich zum Schlimmsten entschloss; Nein, und meine Ängste wurden noch größer, als er seine große Hand auf meinen Ärmel legte, als wollte er mich trösten, denn er hatte dies noch nie getan, außer als er die Nachricht vom vorzeitigen Tod meines Hans hörte.

Und da er bei der Pflege des Kranken nicht auf meine Hilfe angewiesen war, lief ich zu meiner Tante, um ihr mit der nötigen Sorgfalt die Neuigkeit, die ich gehört hatte, mitzuteilen; aber mein Onkel war vor mir gegangen, und in der Tür konnte ich sehen, dass er gerade die Stirn seiner geliebten Frau geküsst hatte. Ich konnte in ihren Gesichtern lesen, dass sie keine weitere Hoffnung mehr hatten, und doch würde meine Tante nach unten gehen und selbst mit dem jungen Kubbeling sprechen. Mein Onkel hätte sie gern daran gehindert, aber sie schenkte seinen Ermahnungen keine Beachtung, und während ihre ermüdende Frau sie mit größter Sorgfalt anzog, damit sie am Tisch erscheinen konnte, dankte sie den Heiligen dafür, dass Ann an diesem unglücklichen Tag weit weg war.

So vergingen Stunden zwischen unserer Heimkehr von der Jagd und dem Abendessen, und bald trafen wir alle unsere Gäste im Refektorium. Tante Jacoba saß wie gewohnt auf ihrem Sofa, auf dem sie getragen wurde, am oberen Ende des Tisches neben dem Kamin, neben dem ein kleinerer Tisch stand, an dem Kubbeling und Uhlwurm Platz nahmen, als hätten sie es nie getan saßen woanders in ihrem Leben; und tatsächlich hatte der alte Jordan seine Mahlzeiten an demselben Ort eingenommen, und wann immer sie zur Lodge kamen, wussten die Diener genau, was ihnen und ihren Kameraden zusteht. Und obwohl sie nicht am oberen Tisch saßen, hatte der alte Jordan dies nur aus gutem Grund vor sechzig Jahren als eine belastende Ehre empfunden, die mehr war, als ihm gebührte; und der junge Kubbeling würde in allen Dingen das tun, was sein Vater vor ihm getan hatte. Mein Platz war dort, wo ich sie sehen konnte, und ein leerer Stuhl stand zwischen mir und meiner Tante; Dies wurde Meister Ulsenius, dem Blutegel, überlassen. Dieser gute Mann wollte aus Rücksicht auf Straßenräuber und Plünderer nicht nach Einbruch der Dunkelheit weiterreiten, und einige von uns fühlten sich etwas unwohl, weil er so spät kam. Trotzdem war das Gespräch nicht anders als fröhlich; Zur Mittagszeit waren neue Gäste aus der Stadt zu uns gekommen und hatten viel zu erzählen. Es kam die Nachricht, dass der Sultan von Ägypten auf der Insel Zypern gefallen sei und dass die Muslime König Janus, der über die Insel herrschte, geschlagen und ihn triumphierend über die Meere nach Alt-Kairo getragen hätten, als Gefangener und mit Ketten beladen. Hierauf wurden wir von jenem gelehrten Mann, Meister Eberhard Windecke, unterrichtet, der in der Geschichte der ganzen Welt belesen war – er war als Finanzkommissar Seiner Majestät nach Nürnberg gekommen, und Onkel Tucher hatte ihn in den Wald gebracht – er, sage ich, erzählte uns, dass der Vorfahre dieses Königs Janus von Zypern zur Zeit der Kreuzzüge, zu Lebzeiten des mächtigen Sultan Saladin, durch Gift und Meineid die Krone Jerusalems an sich gerissen und sie dann eingetauscht hatte mit dem englischen Monarchen Richard Coeur de Lion im Austausch gegen das Königreich Zypern. Dieser Vorfahr von König Janus hieß Guy de Lusignan, und die Sünden der Väter, so stellte Meister Windecke mit Blumen der Beredsamkeit dar, wurden bis zur dritten und vierten Generation immer an den Kindern heimgesucht.

Ich hatte, wie die meisten Anwesenden, dieser Rede mit gebührendem Respekt zugehört; Dennoch war mir nicht entgangen, mit welch unruhigen Augen meine Tante die beiden Männer beobachtete, als sie, nachdem sie ihren Hunger und Durst kaum gestillt hatten, sofort die Halle verließen, um sich um den kranken Mann zu kümmern; Sie hätte wirklich – und ich würde es auch tun – lieber eine aktuelle Nachricht gehört als diese Aufzeichnung der Sünden der toten und verstorbenen Lusignaner. Bald darauf kehrten die beiden Männer zu ihren Plätzen zurück, und als Meister Windecke, der beim Reden vergessen hatte zu essen, mit doppeltem guten Willen zustimmte, forderte Onkel Conrad Kubbeling ernst auf, mit dem, was er zu sagen hatte, Schluss zu machen; und doch antwortete der Mann, der das Bein eines schwarzen Hahns an seinen Mund hob, nur mit einem rauen: „Alles zu seiner Zeit, mein Herr."

Wir mussten also warten; Erst nachdem der Braunschweiger mit seinen starken Zähnen die letzte Nuss geknackt hatte und der Abendbecher gebracht worden war, brach er das Schweigen und erzählte uns in kurzen, stockenden Sätzen, wie er von Venedig nach Alexandria im Land Ägypten gesegelt war und alles, was seinen Falken widerfahren war. Dann hielt er inne, als hätte er seine Erzählung beendet, und Uhlwurm sagte mit tiefer Stimme und mit einer Handbewegung, als wolle er die Krümel vom Tisch räumen: „Vorbei!" – Und dieses „Vorbei" war schon fast vorbei das einzige Wort, das ich jemals von den Lippen dieses seltsamen alten Mannes gehört habe. Als er mit seiner Geschichte fortfuhr, die Kubbeling durch den Wein befreit hatte, und obwohl dieser auf ihn nicht mehr Wirkung hatte als klares Wasser, kam es mir doch so vor, als würde er zu seiner eigenen Erleichterung weiterreden; Erst als er erzählte, wie und wo er den verbannten Götz vergeblich gesucht hatte, blickte er meiner Tante traurig ins Gesicht. Und Kunz, der mit ihm im selben Schiff das Meer überquert hatte, hatte ihm bei dieser Suche geholfen.

Als ich ihn dann fragte, ob Kunz nicht ebenfalls mit ihm nach Venedig heimgekehrt sei, und Kubbeling mir mit „Nein" geantwortet hatte, sagte Uhlwurm noch einmal, oder sein Meister hatte jemals aufgehört zu sprechen: „Weg!" mit seiner tiefen, traurigen Stimme und fegte wieder Krümel weg, sozusagen in der Luft. Daraufhin überfiel mich eine so große Angst, dass es mir vorkam, als würde mir ein scharfer Stahlkolben ins Herz gestoßen; aber Kubbeling hatte gesehen, wie ich erbleichte, und er wandte sich voller Zorn an Uhlwurm, und um mir Mut zu machen, schrie er: „Nein, nein, ich sage nein. Was weiß der alte Narr davon! Es ist nur so." aus dem Grund, dass die Galeere für Junker Schopper wartete und einen halben Tag später den Anker lichtete, dass er Böses verbietet. Die Verzögerung war nicht nötig. Und wer kann sagen, was junge Meister vorhaben? Sie bekommen Lust auf ihre grünen jungen Köpfe, und es muss ausgeführt werden, ob oder nicht. Er schwor mir mit einem hohen und feierlichen Eid, dass er nicht ruhen würde, bis er eine Spur seines Bruders gefunden hätte, und wenn er die Galeone aus diesem Grund warten ließ, was für ein Wunder? Ist das so? Gibt es etwas, worüber man sich wundern kann? Und Sie, Herrin Margery, haben hier im Wald einen sicheren Bekannten, wohin ein falscher Geruch führen kann. – Junker Kunz! Wohin er vielleicht gegangen ist, um seinen Bruder zu suchen, wer kann das sagen? Ich nicht, und vieles mehr weniger Uhlwurm. Und junge Leute flattern hin und her wie ein ungeübter Falke; und wenn Meister Kunz, der so viel ernster und weiser ist als andere in seiner grünen Jugend, niemanden findet, der ihm die Augen öffnet, dann kann er – das sage ich nicht sicher, aber vielleicht, denn warum sollte ich euch alle erschrecken? – Er könnte, sage ich, bis in alle Ewigkeit hoch und niedrig jagen. Der verstorbene Junker Herdegen. . . ."

Und wieder spürte ich diesen scharfen Schmerz in meinem Herzen, und ich weinte in der Qual meiner Seele: „Der verstorbene Junker – der verstorbene Junker, hast du gesagt? Wie kamst du dazu, ein solches Wort zu verwenden? Bei allem, was du heilig hältst, Kubbeling, Foltere mich nicht mehr. Gestehe alles, was du über meinen älteren Bruder weißt!"

Das schrie ich mit zitternder Stimme, aber nur allzu bald war ich wieder sprachlos, wieder einmal dieses schreckliche „Weg!" fiel mir von Uhlwurms Lippen ans Ohr.

Ich verbarg mein Gesicht in meinen Händen, und als ich so in der Dunkelheit saß, hörte ich, wie der Vogelhändler, jetzt in echter Trauer, Uhlwurms unheilvolles Wort wiederholte: „Vergangen." Doch plötzlich fügte er in einem tröstenden Ton hinzu: „Aber nur vielleicht – nicht sicher, Herrin Margery."

Obwohl er nun bereit war, mehr zu erzählen, wurde er auf frischer Tat gestoppt. Weder er noch ich hatten gesehen, dass jemand mit meinem Onkel Christian und Meister Ulsenius lautlos die Halle betreten hatte, sich uns genähert hatte und die letzten Worte von Uhlwurm und Kubbeling gehört hatte. Das war Ann; und als sie dem Brunswicker antwortete: „Ich wünschte, Sie hätten mit diesem „Zufall" Recht. Wie gerne würde ich es glauben!" Ich nahm meine Hände von meinem Gesicht, und siehe, sie stand vor mir in all ihrer Schönheit, aber in tiefem Trauerschwarz, und war nun, genau wie ich, eine unverheiratete Witwe.

Ich rannte ihr entgegen, und als sie sich nun zuerst an mich und dann an meine Tante klammerte, war ihr ein so bewegender Anblick, dass sogar Uhlwurm sich mit seinem Fingertuch die nassen Wangen abwischte. Jetzt schwiegen alle, aber der junge Kübbeling hörte nicht auf, sich den Schweiß der Angst von der Stirn zu wischen, bis er schließlich ausrief: „‚Vielleicht' war das, was ich gesagt habe, und ‚vielleicht' wird es immer noch sein; ja, mit Hilfe von." die Heiligen, und ich werde es beweisen. . . "

Daraufhin hob Ann ihre Perle, die sie im Busen meiner Tante versteckt hatte, und Cousine Maud ließ ihre Arme sinken, in denen sie mich festhielt. Der gelehrte Meister Windecke beeilte sich zu gehen, da er solch rührende Dinge nicht ertragen konnte, während Onkel Conrad sich bei Ann erkundigte, was sie über Herdegens Ende gehört hatte.

Daraufhin teilte sie uns allen mit leiser Stimme mit, dass sie gestern Abend einen Brief von meinem Herrn Kardinal erhalten habe, in dem ihm mitgeteilt wurde, dass er schlechte Nachrichten von den christlichen Brüdern in Ägypten erhalten habe. Sie musste sich auf das Schlimmste vorbereiten, denn wenn sie Recht hatten, wäre ihm großes Unheil widerfahren. Doch es war noch nicht an der Zeit, alle Hoffnung aufzugeben, und er selbst würde seiner Suche nie müde werden: der junge Kubbeling, der inzwischen Uhlwurm mit dem Blutegel zu dem Kranken geschickt hatte und sich dann mit dem Weinkelch zuvor wieder gesetzt hatte er hatte dennoch ein Ohr offen gehalten und wie die anderen auf das gehört, was Ann gesagt hatte; Dann stieß er plötzlich sein Glas weg, schüttelte zornig seine große Faust und schrie sozusagen zur Tür, durch die Uhlwurm gegangen war: „Dieser Krächzer, dieser Todeswächter, dieser Unglücksvogel.“ ! Wenn er zu einem blühenden Apfelbaum hinaufblickt und ein Vogel in den Zweigen piepst, denkt er nur daran, wie bald das glückliche Geschöpf von der Katze getötet wird! „Weg! weg“ in der Tat; was nützt es, das zu sagen weg! Er hat zuletzt sogar mein Gehirn mit seinen schwarzen Dämpfen eingehüllt. Aber jetzt scheint ein Licht in mir; und schenkt mir ein Ohr, junge Herrin, und ihr alle verehrungswürdigen Herren und Damen; denn ich habe „Vielleicht“ gesagt und ich meine es ernst Trotzdem."

Wir hörten tatsächlich zu; und in seiner Stimme und seiner Miene lag eine Zuversicht, die uns Mut machen musste. Kubbeling hatte die Zusicherung meines Herrn Kardinals, dass wir uns nicht mit den schlechten Nachrichten zufrieden geben sollten, die er erhalten hatte, für richtig gehalten, und was richtig war, war für ihn eine Tatsache. Deshalb hatte er sich den Kopf zerbrochen, bis ihm der Schweiß auf der Stirn stand, und alles, was er jemals über Herdegen gewusst hatte, kam ihm wieder in den Sinn und dies erzählte er uns nun auf seine kurze, grobe Art, die ich vergeblich aufzuschreiben versuchen würde .

Er sagte, dass er seit dem Tag, als sie in Ägypten gelandet waren, Kunz nie wieder gesehen hatte, sondern dass er selbst Nachforschungen für Herdegen angestellt hatte. Anselmo Giustiniani war dort immer noch Konsul der Republik und wohnte bei Ursula, seiner Frau, im Fondaco in Venedig. aber die Diener hatten gesagt, sie hätten noch nie von Schopper von Nürnberg gehört; Es war auch nicht verwunderlich, dass Kunz' Ankunft ihnen unbekannt war, denn um Ursula fern zu bleiben, hatte er Gastfreundschaft bei den Genuesen und nicht bei den Venezianern gefunden. Als der Braunschweiger am Vorabend seiner Heimfahrt erneut bei den Behörden im Fondaco aufgewartet hatte, um seine Erlaubnis zur Abreise zu erwirken und bestimmte Geldbeträge abzuholen, die er dort geschenkt hatte, war er Herrin Ursula begegnet; und während sie ihn kannte und mit ihm sprach, nutzte er die Gelegenheit, um Nachforschungen über Herdegen anzustellen. Und aus ihrem Mund und aus keinem anderen hatte er erfahren, dass der ältere Junker Schopper einen gewaltsamen Tod gefunden hatte; und als er gefragt hatte, wo und wie, hatte sie ihm geantwortet, dass es sich um eine dieser Liebesbeziehungen handele, die immer das Ziel und die Aufgabe seines Lebens seien. So konnte er allen seinen Verwandten und Verwandten in Nürnberg von nun an sagen, sie sollten mit dem Spionieren und Spionieren aufhören, was sie bereits mehr Mühe und Schreiben als genug gekostet hatte.

Diese Rede hatte Kubbeling nur missfallen, doch hätte er sie nicht übel genommen und nur gesagt, dass sie Kunz, der mit ihm nach Ägypten gekommen war, einen guten Dienst erweisen würde, wenn sie ihm genauere Informationen darüber geben würde, wie sein Bruder hatte sein Ende gefunden.

„Daraufhin", sagte der Vogelverkäufer, „warf sie mir einen Blick zu, wie ihn nicht viele geben konnten; denn die Dame ist doch ganz gewiß über Augen und Ohren in den Junker Kunz verliebt ..."

Aber ich hielt ihn zurück und sagte, dass er sich darin mit Sicherheit irrte; Allerdings lachte er kurz und fuhr fort. „Wer von uns hat sie gesehen? Ich oder du? Aber Liebe oder nicht – hör nur bis zum Ende zu. Herrin Ursula wusste bis dahin sicherlich nicht, dass Junker Kunz in Alexandria war, und als sie es erfuhr, begann sie, mich zu befragen . Sie musste den Tag und die Stunde kennen, als er dort vor Anker gegangen war, weshalb er sich entschieden hatte, in der Genoa Fondaco zu übernachten, wann ich ihn das letzte Mal gesehen hatte, ja, und aus welchem Stoff und in welcher Farbe seine Kleidungsstücke bestanden. Sie ging sie durch Alles, von der Feder in seinem Hut bis zu seiner Hose. Was mich betrifft, ich muss fast halbgeistig gewirkt haben, und ich sagte ihr schließlich, dass ich in solchen Dingen keine Begabung hätte, ihn aber noch nie an einem Abend gesehen hätte in einem weißen Mantel mit einer spitzen Kapuze. Daraufhin verließ alles Blut ihr Gesicht und damit ihre ganze Schönheit. Sie schlug ihre Hand an ihre Stirn wie eine Besessene oder in einem Anfall, als ob sie in ihrer eigenen Schlinge gefangen wäre, und sie würde es tun Ich wäre gefallen, wenn ich sie nicht aufrecht gehalten hätte. Und dann, plötzlich, stand sie fest auf ihren Füßen, forderte mich grob auf, wegzugehen, und zeigte auf die Tür; und ich war bereit und schnell genug, um abzureisen. Als ich Uhlwurm, der draußen geblieben war, das alles erzählte und was ich über Junker Herdegen gehört hatte, hatte er nichts zu sagen als dieses verfluchte „Weg!" Und wie das mich benommen macht, alter Maulwurf, der ich bin, habt ihr selbst gesehen. Aber das Verhalten der Herrin Tetzel von Nürnberg habe ich seit Tag und Nacht und auch gestern nicht mehr aus dem Kopf verloren."

Er rieb sich die feuchte Stirn, trank einen Schluck und holte tief Luft; er war es nicht gewohnt, so ausführlich zu sprechen. Aber während wir ihm viele Fragen zu diesen Dingen stellten, wandte er sich wieder an uns Jungfrauen und sagte: „Gewähren Sie mir ein paar Worte abgesehen von dem, was Sie sehen, mit der Zeit bekommt ein Mann ein Auge für einen Falken und sieht, was seine guten Seiten sind." sind, und wenn es irgendetwas krank macht. Er lernt die Rasse an ihren Federn und ihrem Brustbein und an der Farbe ihrer Beine und an vielen anderen Zeichen und ihren Charakter an ihren Augen und ihrem Schnabel kennen; – und das Gleiche gilt für das Erkennen der Menschen. Das alles habe ich nicht von mir selbst gelernt, sondern von meinem Vater, Gott schenke ihm Frieden; und wie ihr einen Falken am Schnabel erkennen könnt, so könnt ihr einen Mann oder eine Frau am Maul erkennen. Und wie ich mich merke von Herrin Ursulas Gesicht, wie ich es damals sah, das reicht mir. Ja, und ich würde meinen besten isländischen Gerfalken für eine lahme Krähe geben, wenn nicht jedes Wort, das sie über den Tod von Junker Herdegen sagte, falsche Gaunerei wäre. Sie ist eine eine gute Frau und von wundersamer Schönheit; doch als ich eine Weile da saß und nachdachte und in den Würzburger Wein in meiner Tasse blickte, erinnerte ich mich an ihre roten Lippen und weißen Zähne, als sie mich zu Hause aufforderte, seine Verwandten zu ermahnen, den verlorenen Mann nicht mehr zu suchen . Und ich werde deutlich erklären, was dieser Mund mir in den Sinn brachte; nichts anderes als die Schnauze der Wölfin, die du gefangen und angekettet hast. So zeigte sie ihre Stoßzähne, als Uhlwurm sie seiner Weisheit nachjagte, und sie gab vor, seine Freundin zu sein, obwohl sie danach dürstete, ihn an der Kehle zu packen. – Falsch, sage ich, falsch, falsch war jedes Wort, das mir zu Ohren kam von diesem Mund! Ich weiß, was ich weiß; Sie ist verrückt wegen eines der Schoppers, und wenn es nicht Kunz ist, dann ist es der andere, und wenn es nicht aus Liebe ist, dann aus Hass. Mach das Kreuzzeichen, sage ich; Sie würde einen oder beide von ihnen aus der Welt verbannen, so gut es ginge. Sicher ist, dass sie mich gerne glauben gemacht hätte, dass der ältere Junker Schopper bereits ein schlechtes Ende genommen hatte, und es ist nicht weniger sicher, dass sie irgendwelche bösen Absichten im Sinn hatte.

Der alte Mann hustete, wischte sich die Stirn und ließ sich in seinen Sitz zurückfallen; Wir wussten tatsächlich nicht, was wir von seiner Rede halten sollten, und sahen einander fragend an. Jung Kubbeling war der letzte Mann auf der Welt, von dem wir hätten träumen können, dass er Herzen liest. Nur Onkel Christian unterstützte ihn und erklärte, dass die Zukunft bald alles bestätigen würde, was der Sohn des weisen alten Jordan anhand sicherer Zeichen vorhergesagt hatte.

Der Streit wurde so laut, dass sogar unser stiller Kaplan sein Wort gab, um der Meinung des Braunschweigers über Ursula zuzustimmen und neue Beweise vorzulegen, warum Herdegen trotz ihrer Aussage noch im Land der Lebenden sein könnte .

In diesem Moment flog die Tür auf, und die Haushälterin – die eigentlich eine recht nüchterne und geistreiche Witwe war – stürmte ins Refektorium, gefolgt von der Dienerin meiner Tante, beide mit purpurroten Wangen und so voller Geschäftigkeit, dass sie es vergaßen die Ehrfurcht, die unseren verehrten Gästen gebührt, und es war zunächst schwer zu verstehen, was sie so sehr beunruhigt hatte. Sobald dies klar war, rannten Cousine Maud und Ann und ich auf den Fersen in die Kammer, wo Meister Ulsenius noch immer mit dem kranken Reisenden weilte, denn wenn die Frauen nicht getäuscht wurden, war der arme Kerl niemand anders als Eppelein, Herdegens treuer Handlanger. Auch die müde Frau, ein kluges junges Mädchen, glaubte, dass er es war; und ihrer Meinung war es vertrauenswürdig, denn sie war eine der vielen Mägde, die Eppelein mit Wohlwollen betrachtet hatten.

Wir standen nun am Bett des Jungen; Meister Ulsenius war gerade damit fertig, seinen Kopf, seinen Körper und seine Arme zu verbinden; Der arme Kerl war tatsächlich grausam behandelt worden, und ohne die Hilfe des Braunschweigers wäre er gestorben. Dass Kubbeling ihn nicht kannte, obwohl sie sich in den vergangenen Jahren oft getroffen hatten, war leicht zu erklären; denn ich selbst hätte kaum glauben können, dass der blasse, hohläugige Mann, der dort lag und allen schien zu sterben, unser lebhafter und kluger Eppelein war. Doch wahrlich, er war es, und Ann warf sich neben dem Bett auf die Knie, und es war wirklich erbärmlich, sie rufen zu hören: „Armer, treuer Eppelein!“ und viele andere gute Worte in leisen und liebevollen Tönen. Doch er hörte und verstand nichts, da er nicht bei Sinnen war. Vorerst gab es nichts von ihm zu erfahren, und das war umso bedauerlicher, als die Diebe ihm die Kleider bis auf die Stiefel ausgezogen hatten und er somit, wenn er der Träger einer Schrift war, ihn ausgezogen hatte könnte es jetzt nie liefern. Dennoch war er mit einer Botschaft gekommen. Als die Männer uns dort verließen, beugte sich Ann über ihn und legte ein nasses Tuch auf seinen heißen Kopf, und er öffnete sofort seine Augen ein wenig und zeigte mit seiner linken Hand, die gesund war, auf das Ende des Bettes, wo Seine Füße lagen da und murmelten, kaum zu hören und als wäre er verloren: „Der Brief, oh, der Brief!“ Doch dann verlor er die Besinnung; und plötzlich sagte er immer wieder dieselben Worte. Sein Herz und sein Gehirn waren also voll von einer Sache, und das war der Brief, den ihm jemand – und wer anders als sein geliebter Meister – strengstens aufgetragen hatte, ihn ordnungsgemäß zu überbringen.

Jedes Wort, das er in seinem Fieber sagte, könnte uns eine wichtige Nachricht überbringen, und als meine Tante uns um Mitternacht aufforderte, zu Bett zu gehen, erklärte Ann, es sei ihre Absicht, die ganze Nacht bei Eppelein Wache zu halten, und das hätte ich um keinen Preis getan verließ sie in einem solchen Moment. Und während sie Meister Ulsenius gut kannte und dem alten Uhlwurm bereits aus freien Stücken geholfen hatte, wurde die Pflege des kranken Mannes ganz ihr überlassen; und ich setzte mich ans Feuer und blickte manchmal auf die züngelnden Flammen und fliegenden Funken, manchmal auf das Krankenbett und auf alles, was Ann tat. Dann wurde ich schläfrig und die Stunden vergingen wie im Flug, während ich hellwach dasaß oder träumte, während ich ein paar Minuten schlief. Dann war es wieder Morgen, und vor meinen Augen stand etwas, von dem ich nicht wusste, ob es wirklich geschah oder ob es noch ein Traum war, und doch kam es mir so angenehm vor, dass ich immer noch lächelte, als die Haushälterin kam hinein, und das vertrieb den Schlaf. Ich dachte, ich hätte gesehen, wie Ann den hässlichen alten Uhlwurm zum Fenster führte und mit ihrer weichen kleinen Hand über seine rauen Wangen strich. Da dies alles andere als ihre gewohnte schüchterne Bescheidenheit war, amüsierte es mich umso mehr, und auch das Benehmen des alten Mannes hatte mich zum Lächeln gebracht; Er war mürrisch und dennoch höflich zu ihr und hatte zu ihr gesagt, ich weiß nicht was. Als ich nun hellwach war, war Ann tatsächlich gegangen, und die Hausfrau hatte gesehen, wie sie das Haus verließ und dem alten Uhlwurm folgte und zum Stall ging.

Daraufhin überkam mich eine seltsame Unruhe, und als Kubbeling mir gleich darauf antwortete, der alte Uhlwurm habe sich um Erlaubnis gesehnt, bis zum Mittag abwesend zu sein, damit er genau an die Stelle gehen könne, wo sie Eppelein gefunden hätten, und nach diesem suchen könne Aus dem Brief, den er zweifellos bei sich gehabt hatte, konnte ich deutlich erkennen, warum Ann den alten Mann betrogen hatte.

LESEZEICHEN DES ETEXT-HERAUSGEBERS:

Vierzig oder fünfzig, wenn die meisten Frauen nur anfangen, böse zu sein. Ein Schatten, der immer fallen muss, wo Licht ist. Eine Frau, die die Liebe einer hochbegabten Seele gewinnen könnte (zahlt dafür).

9 789359 945415

Printed at Repro India Ltd.